障ル話

目次

■障ル準備ハ出来タノカイ? 7
■あーーーーーーーーー 12
■こんにちは 15
●ツラヌキ様の嗜好品 19
●物置だから 23
●博打の神様 29
●燃える花嫁 38
●中二病 46
■嗤う人形 51
●●●商店街 55
●神様のおでかけ 61
●鏡のあなた 63
●祭囃子 69
■しゃもじ先輩 72
■メメント・モリ 78
■一番多いクレーム 82
■中古品 87
■恨みます 91
●Vtuberな彼女 96
●かげふみ 106
●キラキラネーム 112
●チューチューさん 122
●ねじれ犬 127
●マンデラ効果 133

■……鈴木 誠
●……鷹鷺狸夜

■畳の下には 137
●みています 143
●三度目 156
●刺青 160
■T橋さん 170
■復讐鹿 175
■魔法の袋 178
●#心霊写真の撮り方 192
●集中力開発セミナー 197
■彼氏隠し 199
●視える系 202
●死神の家系図 207

特別寄稿
数珠使い 煙鳥 42
島の祟りの真相 たっくー 115
おかえりなさい いわお☆カイキスキー 181

※本書は体験者および関係者に実際に取材した内容をもとに書き綴られた怪談集です。体験者の記憶と主観のもとに再現されたものであり、掲載するすべてを事実と認定するものではございません。あらかじめご了承ください。

※本書に登場する人物名は、様々な事情を考慮してすべて仮名にしてあります。また、作中に登場する体験者の記憶と体験当時の世相を鑑み、極力当時の様相を再現するよう心がけています。今日の見地においては若干耳慣れない言葉・表記が記載される場合がございますが、これらは差別・侮蔑を助長する意図に基づくものではございません。

障ル準備ハ出来タノカイ?

Kさんに話を聞いたのはジメジメした夏前、梅雨《つゆ》の時期だった。

とある理由で仕事を辞めたということで、在宅で出来る映像編集の仕事を教えて欲しいということだった。まずは映像編集の仕事の中でも、映像のいらない部分をカットする、カット編集を教えることにした。やることは簡単、「いらないところ」をカットすればいいだけだが、意外とセンスというものが必要な仕事で、「いらないところ」を判断するのが難しかったりする。Kさんは最初こそ苦戦していたが、五回目くらいから結構上手く編集するようになってきた。

これは長く働いていけそうだなと思った僕は、「Kさん、そろそろ本契約しましょうか」と長期契約の話をすすめた。最初こそパッと笑顔になったKさんだが、「僕、言っておかないといけないことがあるんです」と、真剣な顔になって僕の顔を真っ直ぐ見た。

本契約前に言っておかなければならないということは、過去にKさんが何かやっていて「こんな人間でも雇ってくれるんですか?」ということか。もしくは、何かがこの先に予定としてあるかだろう。

前者ならまったく問題ない。何故なら編集の仕事に過去などまったく関係ないからだ。後者だった場合はどうしようもないので、できれば前者であって欲しいと思いながらKさんの言葉を待った。

「実は前の職場で色々ありまして」

これを聞いた時、正直良かったと思った。「過去は関係ない」と、そう言えばKさんの心もいくらか晴れてこの仕事もしっかりやってくれるだろうと思ったからだ。

しかしKさんは、とんでもない話を始めた。


Kさんの前職は、ガールズバーの黒服だったという。

勤めている時に、規則違反とわかっていながら店のキャストのA子さんに手を出してしまい、それが店長にバレてクビになってしまった。

その件で更に、他のキャストの女の子ともトラブルになり、「もしかしたら、最悪死ぬかもしれない」と言う。だから長期契約はできない、と。

「死ぬかもしれない」とは物騒で、とても引っかかる言い方だった。

でも「かもしれない」ということは、少なくとも自殺の意思ではないはずだ。

そう受け取った僕は、詳しく聞いてみた。

「どうしてKさんが死ぬの？」

Kさんは少し言いにくそうに、話を続けた。

Kさんは A子さんに強引に言い寄り、子を孕《はら》ませたあげく逃げたのだった。

A子さんには当時、パートナーになりそうな人がいたらしいが、KさんはA子さんに対する恋愛感情を抑えきれず、なかば無理矢理、行為に及んでしまったそうだ。

「A子もそのパートナーも、僕を恨んでいるだろう」

そうKさんは顔をしかめると、絞り出すように話した。

僕はここまで話を聞き、それは恨まれて当然だと思った。

「だから、A子さんに殺されるかもしれないということですか？」

「いえ、A子は亡くなっています」

「は？」

「ちょっと説明がつかないのですが、確かに病気で亡くなっています」

この時点であまり理解が追いついていないが、Kさんは続けた。

「A子が亡くなった時、殴られる覚悟でお葬式に参列したんです。もちろん門前払いで、A子のご両親にはどの面下げてと罵倒もされました。ですが、A子のお姉さんがこっそり出てきて話をしてくれました。A子が重い子宮頸がんだったということ、日記みたいなメモがスマホに残っていたこと、そこにあなたの名前ともう一人の名前があったと」

一緒に書かれていたという人物はピンとこない名前だったが、そのページには他に「これでお前を呪う準備は出来た」と書いてあったそうだ。

そこまで話すとKさんは急に声を荒げた。

「だからA子は僕を呪いながら死んでいったんです！　きっと僕は呪い殺されるんです！」

僕はこの世に「呪いで死ぬ」などということはないと思うが、ある一定の条件で発動してしまう怪異というものはあるのだと思う。

現に今、Kさんは僕の元にはいない。いないというか、音信不通で連絡がつかなくなってしまったのだ。

気になっているのは、その後、彼から何度かメールと電話はあったのだ。しかし、メールの本文はすべて文字化けしてしまっていて読めないものばかりだし、返信してもそれきりに。また、電話もかかってきているのに着信音が鳴らず、いつの間にか着信通知が残るのみ。こちらも、折り返してもかからない。

やがて、それらもなくなった。

A子さんの「呪い」を受けたのかもしれない。何がどう彼に障ったのだろうか。確認してみたいが残念ながら叶わない。

そんな話を集めることで、もしかしたらその障りを受ける人が出てくるかもしれない。
そうなったら話を聞かせて欲しい。

――この本を手にした皆さんへ障リ有れ。

あーーーーーーーー

「あーーーーーーーーという女性の叫び声に、ちょっとトラウマがあるんです」

Fさんはそう言いながら、その叫び声というのをやってくれた。

その声を聞きながら、なんだか甲子園球場のサイレンみたいだなと僕は思った。

「いつも仕事の帰りに通る踏切があるんです。僕が普段通る時間は深夜で、貨物列車以外通らないので滅多にその踏切に引っかかることはないのですが、ある日の深夜、いつもより三十分遅くなった一時半頃、踏切に差し掛かった時、カンカンカンカンと音がなり遮断機が下りたので車を停めました」

今日はいつもと時間が違うから、踏切に捕まったなぁと思った。

Fさんはぼーっと電車を待っていた。しかし、一向に電車が来る気配はない。

それどころか電車の走行音や振動もまるでないのだ。

あれ？　今どのくらい経った？

結構な時間を待っていることに気づいたFさんは、窓を開けてタバコに火を点けた。外に向かって煙を吐く。その時だった。

かすかに叫ぶ様な声が聞こえてきた。電車が来ます、の表示の下に左向きに矢印が出ている。電車が来る右方向を見た。

「ぁぁぁぁああーーーーーー」

だんだん叫ぶ声が大きくなってくる。踏切の警報音より大きくなってきた頃、右方向から何かが走ってくる。

踏切付近の街灯に照らされたそれは、真っ赤なワンピースで髪を振り乱し裸足で走ってくる女だった。

「あーーーーーーーーーーーーーーーー」

自分の車の目の前を過ぎる時は、鼓膜が破れるかと思うくらいの大音量だった。やがて、ドップラー効果で音程も下がり、段々小さくなっていった。

Fさんが呆然としていると踏切の音は止み、遮断機が上がる。

不可解な出来事に唖然とし、しばらく止まっていたFさんだが、我に返ると急いで帰宅したのだった。

Fさんは走り去っていく女の顔が満面の笑みを浮かべていたのを今でも忘れていない。

それと叫び声がトラウマとなってしまったという。

埼玉県K市の住宅街での出来事だそうだ。

こんにちは

以前、新宿のとあるマンションに住んでいたNさんから聞いた話だ。

Nさんの仕事はキャバクラのボーイで、その日も仕事を終え深夜三時くらいに自分の住んでいるマンションに帰ってきた。マンションのエントランスを通り、郵便ボックスで手紙をチェックしたらエレベーターへ向かう。

いつも通りの流れで、自分の住んでいる七階へ行くため「上」ボタンを押す。

「こんにちは」

Nさんがエレベーターを待っていると、そんな声が自分の後ろから聞こえた。

振り返ると、そこには身なりの綺麗なおばあさんが立っていた。

「こんにち……こんばんは」

Nさんは、いやいや深夜にこんにちはって？　と思いながらおばあさんと一緒にエレベーターを待っていた。

Nさんのマンションは、いわゆる水商売の仕事の人間が多く入居しており、こんな時間におばあさん？　とNさんの頭は疑問でいっぱいになった。

エレベーターが到着し扉が開くと、Nさんはサッと入り七階のボタンを押すと、その後すぐにおばあさんも入ってきたという。おばあさんはニコニコしながら階数のボタンを押すわけでもなく立っている。

朗らかな笑顔である。

「何階ですか」と話しかけると、おばあさんはそれを無視して、世間話をし始めた。夜遅くまで大変だねぇ、何の仕事をやってるんだい？　の問いかけに適当に相槌を打ちつつ、エレベーターは七階へと二人を運んでいく。

チーンと音が鳴りエレベーターの扉が開いたので、「では僕、この階なので、おやすみなさい」と言って、おばあさんを残しマンションの廊下へと足を進めた。

自分の部屋の前で振り返りエレベーターを見ると、扉が開閉を繰り返している。それを見て急にすごく怖くなり、慌てて家の中へと入った。

あのおばあさんは人間なのだろうか？　僕だけに見えてしまったものなのだろうか？

そんな考えを振り払おうと、タバコを吸おうとベランダに出た。

二本目のタバコに火をつけたところで「キャーーーー」という悲鳴が通りの方から聞こえた。

なんだ⁉　と思い下を覗くと、このマンションの住人であろう女性がエントランスに入る手前で尻餅をついていた。

Nさんは反射的に家を飛び出すと、下へと降りた。

エントランスを出たところで、女性の前にあるモノを見てギョッとした。

先程エレベーターで出くわしたおばあさんが倒れている。頭から血を流し、手足は変な方向を向いて無惨な姿になっていた。

警察と救急へ電話をし、到着するまでの間、目撃者の女性も落ち着かせて話を聞いた。

このマンションの住人である女性によれば、エントランスの入り口で目の前にドンッとおばあさんが落ちてきたらしい。おばあさんは救急搬送されたが死亡が確認され、事件性はなく飛び降り自殺ということになった。

とんでもないものを見てしまった女性を可哀想に思ったが、Nさんはこのおばあさんと最後に喋ったのが自分で、もしかしたら飛び降りを止められたのではなかったかと悔やんだそうだ。

それから数日してマンションの掲示板に〈不審な老婆に注意〉というタイトルの一枚の紙が貼られた。

〈深夜に挨拶をしてくるおばあさんがいます。認知症の可能性もあり、遭遇した方は警察へ連絡を〉

たまたま管理人さんと会ったNさんが貼り紙について訊くと、

「あんまり大きな声じゃ言えないけどさ、この前飛び降りあったじゃない。その亡くなったおばあさんが出るんだって。クレーム入っちゃったから一応注意書きは出したんだけど幽霊相手じゃ何もできないよ」

そう困ったように言った。

「死んだおばあさん、ニコニコしながら、こんにちはって言ってくるんだって。それってあの最後の時の様子と同じだろ。そんな、自分が体験した〝その人と死ぬ前にした会話〟が他のマンションの住人にも広がっていくのって、なんかいたたまれなくってさ」

Nさんは数ヶ月後にはマンションを引っ越したという。

ツラヌキ様の嗜好品

山間集落出身のYさんが住んでいた村では、村人たちはとある土地神を信仰していた。ツラヌキ様と呼ばれるそれはかつて自在に雷を操り、暴れ狂う恐ろしい物の怪《け》だったという。多くの犠牲の末、なんとか村に封印されて以降、秘神として祀《まつ》られているという。村では軽々しくその名前を口にするだけで不快感を露《あら》わにする人も多く、また、子供たちは悪いことをすると〈貫かれる〉と戒められた。

村周辺ではツラヌキ様を信仰する土地に相応《ふさわ》しく、頻繁に落雷が発生したこと。実際に年に一人か二人程度だが、村民の中にも落雷で命を落とす人間がいたこと。

その事実が子供たちの恐怖心を煽り、その口伝《くでん》は悪事を抑制するには充分過ぎる成果を生んだ。

しかし、当時は少しでも雷の音が聞こえると家に飛び返ったYさんも、大人になるにつれて、あれはただの自然災害を巧妙に信仰や躾《しつけ》に転換させたものだと考えるようになっていった。

Yさんが就職で上京し、五年ほどが経った二十四歳のある日。

いつものように一人暮らしのアパートへ帰り、夕食を食べながらテレビ番組をザッピングする。すると、自然災害特集という特番が目に留まった。

チャンネルを合わせた時、ちょうど落雷について専門家が話をしているところだった。

Yさんは故郷の村の信仰を思い出しながら視聴を続けたが、画面にあるデータが映し出されたところで思わず目を瞬《またた》いた。

なにかの間違いではないのかと、何度も目を疑う。

〈落雷に遭って死ぬ確率は百万分の一〉

続く解説では、落雷事故で命を落とす人数は世界平均でも千人ほどいて、日本では十五人弱であるという。

その数字に、スタジオでは芸能人たちが「へぇぇ」と口々にしている。

Yさんだけがテレビの前で驚愕の声を上げていた。

――そんな、馬鹿な。

当時Yさんの村では、たしかに年に一人以上が落雷事故で死亡していた。

そう。わずか二百人にも満たない、とても小さな村で。

日本の人口は約一億二千万人で、毎年この中から十五人が選ばれるとして、決まった二百人前後の集団から選出され続ける確率は――。

さすがにここまで超越的な確率を毎年引き当てられては、ツラヌキ様を連想せざるを得ない。

Yさんはこの時感じた恐怖を拭うため、後日、故郷のツラヌキ様信仰、そしてそこでは恐るべき確率で落雷被害が起こることを友人達に話して回ったという。

私もこの時、その中の一人に含まれていたということだ。

先日、ひどく憔悴した様子で私に連絡があった。

当時話をした友人の一人が亡くなったというのだ。

その死因は、落雷事故。

「秘神として祀られているあの信仰のことを、僕が軽率に喋ったからかもしれません」

Yさんはここから話を終えるまで、一度もツラヌキ様の名前を口にしなかったことが強く印象に残った。

Yさんの言うように軽々しく名を口にしたからなのか、話を聞いてしまったからなのか。

はたまたその友人がたまたまツラヌキ様の趣味嗜好に一致したのか。

なにが障ったのかは分からない。

ただし今後、雷鳴が轟く中、どうしても外出しなければならない場合はくれぐれも用心して欲しい。

この話を知ってしまった私やあなたが、貫かれない保証などないのだから。

物置だから

二十一歳の時に、長谷川さんがあるパチンコ店で働いていた時のこと。

勤務初日、書類作成やオリエンテーションが終わると、営業開始前の建物内部を一通り案内してもらえることになった。

長谷川さんはパチンコ店で働くというのに実際に遊んだことはなく、聞き慣れない言葉や名称ばかりで、必死にメモをとっていた。

一階フロアは遊技場といい、来店する人々がパチンコやスロットを楽しみ、それを補佐する役割が自分たち従業員なのだと聞かされた。

事務所横の階段から上がる二階フロアには、パチンコ台や工具が並ぶ大きな倉庫と、四つの部屋が並んでいる。一番手前が従業員の更衣室で、ロッカーの他にトイレや流し台まででついていた。

奥に並ぶ三つの部屋は物置で、現在は使用していないという。どの部屋も鍵がかかっていて、社員以外は入れないようになっていた。

翌日から働き始め、二ヶ月ほどが経過した頃。

長谷川さんはようやく仕事にも慣れ、客や店内の様子を見る余裕も出来てきた。

入る前のイメージと違い、意外に若い男女が多いのが印象的だった。

そしてどうしてもお金が絡む職場なので、たまに厄介なトラブルも発生することもあるが、従業員同士の人間関係は良好で、給料や福利厚生の待遇も良く、楽しいアルバイト生活を過ごせていた。研修担当で面倒見のいい先輩社員が、随分可愛がってくれるのもありがたかった。


長谷川さんは遅番担当だったので、夕方から二十三時の閉店後、片付けまで勤務がある。

閉店作業は普段、掃除や台のメンテナンスがメインだが、新台入れ替えの前日は外に飾るのぼりを付け替えなければならない。

その日がそうだった。結構大変な作業なので、普段は二人以上で行うのだが、他のバイトが二人も休んでいたので長谷川さん一人でやらなくてはならなかった。

作業場所は二階の倉庫。夏の夜、時刻は深夜十一時過ぎである。

広い倉庫はエアコンが効きづらく蒸し暑い。あっという間に汗でべたべたになった。

窓の外からは虫の声が思いのほか大きく聞こえている。それは、他に誰も居ない倉庫に一人という不気味さを引き立たせた。

早く終わらせるために作業ペースをあげると、リリリ、と鳴るそれに混じり、

ドン！

なにかを叩くような音が響いた。

古い建物ではあったので、家鳴りかと思った。気にしないよう作業を進めていると、

ドン！

再び音が響く。

さすがに二度続けば無視は出来ない。

音が聞こえたのは、更衣室を含む四部屋の方向だ。しかし、今の時間に更衣室を使う従業員は居ない。もしかすると誰かが具合を悪くして、早退でもするのだろうか？

手を止めて更衣室まで移動し、ドアをノックしたが反応がない。

念のため中を確認してみても、やはりそこには誰もいなかった。

ドアを閉めて倉庫に戻ろうとすると、

ドン！　ドン！

またあの音が聞こえて思わず跳びはねる。

しかも今度はより大きく、だいぶ近くから聞こえた。

ドン！　ドン！　ドン！

おそるおそる出どころを確認すると、音は一番端の、今は使っていない物置だと言われた一室から響いていることが分かる。そして、音と同時に鍵がかかっているはずの扉が揺れた気がする。

見間違いか？

いや、もしかしたら物置に積んであるなにかが大きく崩れ、扉に当たったのかもしれない。

社員へ報告して、中を確認してもらえばハッキリするだろう。

だが。長谷川さんの脳裏に、先輩社員の言葉がよぎる。

「更衣室以外の部屋には絶対に入るなよ。……あぁ、物が崩れてきたら危ないからな」

いつもにこにこしている先輩が、一瞬だけ見せた険しい表情。あれにはたしかに違和感を覚えた。

沸々と湧いて来た好奇心。

それに打ち克つことが出来ず、気付けば長谷川さんはその部屋の扉に手を掛けていた。

ノブを右へ捻《ひね》ると、そのまま扉を引くことが出来る。鍵はかかっていない。

その軽い感触から、倒れたなにかが扉にもたれかかっているということもなさそうだ。
小さく深呼吸をし、一気に扉を開く。
「熱っ！」
部屋の中から尋常ではない温度の熱風が吹き出し、思わず手で顔を覆ってしまう。
火事でも起きているのではないかと、慌てて部屋の中を覗き込んだ。
長谷川さんは驚愕する。
通路から漏れる灯りで、部屋の中が空っぽなことが分かったからだ。
続けて扉横にあるスイッチで電気を点けると、
「あっ」
思わず素《す》っ頓狂《とんきょう》な声が漏れた。
物置だと聞かされていた部屋。
その中には棚や座椅子はおろか、書類や掃除道具の一つすらない。
代わりにあったのは、壁一面に広がる真っ黒な煤と、床にこびりついた奇妙な焦げ跡。
部屋の至る所に執拗に貼られた御札が、異様に白く見えた。
長谷川さんが部屋に入ってしまったことを先輩社員に打ち明けると、彼は「あれだけ言ったのに入ったのか」と溜め息を吐きながら話してくれた。

二階に並ぶ四部屋は、元々住み込みで働く従業員の寮になっていたという。

やがて時代の変化によりその住み込み制度も無くなり、今では一室のみを更衣室として利用している。

言い方は悪いが、昔のパチンコ店は履歴書などがなくても住み込みで働けるのなら採用される傾向にあり、訳アリの人間が多々働きに訪れたそうだ。

そういった人々の末路の一つが、端の部屋での燃え跡なのだという。具体的に何があったのかまでは怖くて聞けなかった。

長谷川さんが部屋に入って以降、店では不可解な出来事が多々起こるようになり、なんとなく居づらい空気になった彼はそこからひと月も経たずに店を辞めてしまった。


立ち入り禁止になっている場所、その理由。

それが真実であれば、危機を回避するために迷わず従うべきだ。

しかし今回のように嘘であった場合でも、嘘をついてまで立ち入って欲しくないという真実が必ず存在する。

博打の神様

「よっしゃ！　ロン！」

「うわ、マジかよ」

およそ六年前まで、田辺さんはギャンブルに憑かれたような毎日を送っていた。

きっかけは人間関係で悩み、新卒で入った会社を辞めた直後、友人に誘われて行った人生初のパチンコである。ビギナーズラックで大勝ちしてからは、まるでお手本のように博打の沼に堕《お》ちた。

休みの日は朝から晩まで競馬場や競艇場に入り浸り、夜中やアルバイトがある日はパチンコか麻雀。もちろん酒も煙草も嗜《たしな》んだが、身体だけは丈夫だったとなぜか少し自慢気に語る。

しかしそんな生活を続けていれば当然、金銭面での問題は避けられない。

会社勤めの時に七桁あった口座残高は現在一万円にも満たず、所持金は三千円と小銭を残すだけという状況。しかも今日は麻雀の調子が悪く、給料日まであと二週間もあるというのに、このままでは素寒貧《すかんぴん》になってしまう。

麻雀を続けて逆転に賭けるか、そろそろお開きにして明日の競艇に賭けるか。田辺さんは二択を迫られていた。

本来ならどちらも選ばず給料日までを慎ましく過ごし、次の給料からしっかりやりくりしようという思考に到りそうだが、その細い残金すらもギャンブルへ投じるのはやはり筋金入りだ。

とりあえずもう一半荘《ハンチャン》様子を見てみようと、点棒を分け雀卓中央にあるサイコロを転がす。だがやはり、次のゲームも展開には恵まれなかった。

自分の親番が流れ、いよいよ解散を持ち掛けようとしたところで、一番付き合いの長く、唯一親友といえる西野が口を開く。

「そういえばさ、最近職場のギャンブル好きな先輩から面白い話を聞いたんだよ。博打の神様に会う方法ってやつ」

今日はかなり勝っている西野が上機嫌で突拍子もない会話を始めたので、同卓の知り合い二人が少し顔を顰《しか》めたのが分かった。しかし田辺さんは、西野の話好きで悪意の無い性格をよく知っていたので、二人より先に返答をする。

「なんだよそれ、会えばギャンブルの必勝法でも教えてくれるのか？　それなら是非会ってみたいもんだけどな」

「あぁ、そうだ。先輩の友達はそれで神様に会って、以来どんなギャンブルでも負けなしらしい」

「へぇ、それは凄い。じゃあもうその方法を聞いた西野も今後負けることはないな。今日やたら強いのはそれが原因だったのか、イカサマ野郎」

「違う違う、俺は試してみたけど、うまくできなくて、神様には会えなかったよ。もちろん先輩も会えなかったみたいだし、周りで試した奴は誰一人会えていない。だからお前にも試してみて欲しいんだ」

「誰も会えていないって、それようするに作り話だからだろ」

「分からないじゃないか、なにか神様に見初められる条件があるのかも。ギャンブラーたるものロマンは大事だぜ。一応やり方を教えるからさ、もし神様に会えたら少しおこぼれを恵んでくれ」

そう言うと西野は、聞いてもいないのに詳細を語り出した。

その手順というのが実に馬鹿馬鹿しく、まるでB級カルト映画で使われる儀式のようだった。

当然誰もまともに相手をするはずがなく、渇いた笑いのあと、話題はすぐに別の事柄へ移っていく。

そして結局最後の半荘も西野が一位を取り、その日はお開きになった。

田辺さんは一人暮らしのアパートへ帰宅後、熱心に明日開催されるボートレースの情報を漁っていた。

少しでも勝率を上げるため、何度も何度も最近の着順やライターの予想に目を通す。そうしていよいよ購入する舟券も煮詰まり、ベランダで煙草を吹かしている頃。

ふと、雀荘で西野がした話を思い出していた。

用意するものは酒とお猪口《ちょこ》。酒を飲んでおおいに酔っぱらったところで、お猪口に酒と自分の血液を混ぜ、そこにサイコロを三つ投げ入れる。それを枕元に置いて、自分の親族や、関係の濃い人間を思い浮かべて寝るのだという。

そんなことでギャンブルに負けなくなるというのなら、誰もが喜んで実行するだろう。

本当に馬鹿馬鹿しい。そもそも今の状況では必要な酒やお猪口、サイコロを用意する金すら勿体ない。それなら百円でも舟券に注ぎ込むべきに決まっている。

そう、決まっている。

……はずだが。

気付けば夜中であるにもかかわらず、なにかに突き動かされるようにディスカウントストアへと車を飛ばしていたという。

そもそもギャンブルという行為は、勝敗に繋がる要因のほとんどが運という目に見えない不確定要素だ。ギャンブルをしている最中は電話に出ない、流れが途切れるまで食事をしないなど、運を味方につけようとゲンを担ぐ人間が圧倒的大多数である。

それが前述のように友人関係や健康面に被害を及ぼす場合でも、ゲン担ぎを優先する。言ってしまえば、会えるか会えないか分からない神様、この話はたしかに、ギャンブルというものの本質を突いている気がした。

田辺さんは大勝負を控える自分がこれに縋《すが》ったのは、必然だったのかもしれないと語った。

手っ取り早く酔いを回すため、安い日本酒をロックでがぶがぶと飲み干していく。

四杯目に手がかかったところで、ふわふわした気持ちよさに包まれ、景色が歪《ゆが》むと同時に猛烈な眠気に襲われた。

これで深く酔っているという条件は達成。

次はお猪口に日本酒を注ぎ、唇を噛んで出血させ血を流し込む。飲酒によって加減が出来ず思ったより大量に出血してしまったが、田辺さんはティッシュでその傷口を覆うと、続けてサイコロを三つ投げ入れた。

それを枕元に配置したら、あとは大切な人間を次々に思い浮かべながら寝るだけ。

田辺さんは妹と両親、そして親友の西野のことを思い浮かべた。

西野の言っていた神様に会う手順は、実際にやってみると想像通りかなりの胡散臭さを感じたが、そんなことを考えているうちにいつの間にか眠りへ就いていた。

夢の中に現れた神様は、自分が予想していたものとは全く違う舟券の購入を促した。


翌日、午後七時過ぎ。

競艇場を出てすぐにある食堂で、田辺さんはロースカツとカキフライをつまみにビールを呷《あお》っていた。自分でもいまだに今日の結果が信じられず、現実をそれらと一緒にかみしめる。

千円を賭けた舟券の回収率は実に三百二十倍で、僅か数分のレースで人生最高配当となる三十万円超の金額を手にしたのだ。

もちろん、当選した舟券は神に告げられた三連単。自分の予想はというと、ことごとく裏目の結果に終わっていた。

しかしそれにまた、心躍った。博打の神は実在するという事実。

そして見初められた自分は、西野が言っていた通り今後ギャンブルでマイナスになることなどない。念のためにと購入する際、とんでもない倍率の舟券だと知った時は十中八九ただの夢だと思っていたが、こうなってはもう信じざるを得ない。

それからも田辺さんは神に会う方法を実行し、馬券や舟券を的中させ続ける。気付けば預金はたった一週間ほどで、元の七桁に戻っていた。

あの時のお礼も含め、しばらくぶりに麻雀でもしようと西野に連絡をとったところ、返事は返ってこなかった。

その日の夜に西野の母親から着信があり、西野は交通事故に遭い脳に障害を負い、現在植物状態だという衝撃の事実を知る。

翌日見舞いに行ったが、あれだけお喋りで快活だった西野は見る影もなく病床に伏せていた。幼い頃から一緒だった相手が、少し前まで楽しく麻雀をしていた相手がもう二度と目を覚まさないかもしれない。

田辺さんはそんな現実から目を背けるように、更にギャンブルへとのめり込んでいく。

今までと違ったのは、もう金の心配をしなくてよくなったことだ。自分の判断で博打を打てば負けることもあったが、神に告げられた通りに動けばそれを補って余りある大金が手に入る。手元の金が少なくなれば、神様に頼ればいい。

その後、実家に住む妹から足の骨を折って入院することになったと連絡があった。

さらにしばらくして大穴馬券で六百万円の配当金を手にした時、今度は父親が倒れて危篤だと知らされた。

田辺さんはこの時、ついに確信する。薄々勘付いていたことだが、辛い現実から逃げるために目を逸らし続けていたこと。

西野の件から、短い期間で周りに不幸が続き過ぎている。

自分の異常な幸運は、あの時思い浮かべた、自分にとって関係の濃い大切な人たちが不幸に見舞われることで成立しているのではないかと。

「それからは当然、ギャンブルの類は一切していません。慎ましく暮らしていますが、あれを経験した今ではこんな毎日がこの上なく幸せだと思います」

過去の出来事を語った後、ギャンブルからは完全に足を洗ったと宣言した田辺さん。

「それでは、聞いてくれてありがとうございました」

……この話を私にしたことが、彼なりの懺悔でないことを祈るばかりだ。

田辺さんは見るからに高級そうな腕時計で時間を確認すると、左ハンドルの車に乗り込んで帰路に就いた。

一度甘い蜜を吸えば、取り憑かれたようにそれを求めてしまうのもギャンブル。

彼の家族や友達である西野がどうなったのか、恐ろしくて聞けなかった。また、あなたが思い浮かべたのはその人たちだけなのですか、ということも——。

燃える花嫁

腕を組んでバージンロードを歩く幸せそうな男女。そして、それを笑顔で祝う大勢の人々。傍から見れば幸せな結婚式の様相だが、新郎側の友人として参列する大樹さんは少し複雑な感情を抱いていた。

花嫁に関する良くない噂を、多く耳にしていたからだ。

新郎である友人と付き合う以前は男をとっかえひっかえし、それが身近な人間の恋人であろうと誰かの夫であろうと、また自分に恋人がいても欲しい男は手に入れる性分らしい。最初はいくらなんでもそんな人間を結婚相手に選ぶわけがないだろう、と思ったが、知り合いから上司が昔の彼女の不倫相手だったことを聞かされ、自分の中でにわかに信憑性が増した。

一度、相手方に良くない噂が立っていると言ってみたことがある。

たしかに綺麗な女性なので、嫉妬などから嫌な噂を流されている可能性もあるが、火の無いところに煙は立たないのではないか、と。

大樹さんも内容が内容なだけに、とても失礼なことだとは分かっていた。それでもやはり友人として口に出さずにはいられなかったのだ。

返ってきた言葉は「実は大樹以外にも何人かそう言って心配してくれた。それでも、俺は彼女を信じるよ」である。

こう言われては、もうそれ以上踏み込むことなど出来ない。他でもない、彼と彼女の人生なのだから。

そうならば、大樹さんはそれらを忘れて精一杯祝おうと決めていた。やはり当日になると少しだけ憂いが生まれたが、それでもあの時の決意に嘘はない。

挙式が終わり披露宴に移ると、歓談の途中で部屋の照明が落とされた。

お色直しを終えて入場した新郎新婦はスポットライトで照らされ、その手にはキャンドルサービス用の長い蝋燭が握られている。

ゆっくりと、絆を確かめるように各テーブルを周る二人。

間もなく、大樹さん達の順番だ。

裾に花をあしらった薄ピンクのたっぷりとしたドレスを揺らして、新郎新婦は手を繋ぎながら歩いてくる。

その時。新婦のドレスの裾から突然青白い炎が上がったかと思うと、それは一気に彼女の腰の辺りまで燃え拡がった。

「きゃああああああ！」

新婦は慌てて両手で炎を振り払おうとし、新郎も彼女をかばいながら「消火器！　消火器を！」と叫ぶ。

会場は騒然となり、式場スタッフもパニック状態でなんとか消火活動を行う。

幸いにも火はすぐに消し止められ、新婦は病院に運ばれた。

もちろん式は中断され、大樹さん達は別室で式場側から状況を説明された。

火元は直前に灯したテーブルの蝋燭で、その炎にドレスの端が接触し燃え移ったとのことだった。

普通に考えればそれしか火元になりそうなものなどなく、納得がいくように思える。

しかし、会場に居た全員がその説明に違和感を覚えた。

大樹さんを含む彼らは、見ていたからだ。

新婦のドレスが燃え上がる直前、炎より先に彼女へ纏わりついた、数多の人間の顔や手のようなものを。

その後、新婦は火や炎に対する重度の恐怖症を患う。

それについては気の毒だが、自身が燃え上がる体験をしたのだから仕方ないだろう。

だが同時になぜか、重度の男性恐怖症を併発したという。

大樹さんの友人はそれでも献身的に介護を続けたが、そんな夫すらも受け付けられなくなった新婦とはうまくいかず、二人は早々に別れてしまったらしい。

大樹さんは今でもあの噂が本当で、彼女が関わってきた男性やそれによって泣かされた女性の怨念に焼かれたのではないか、と考えてしまうという。


もしかしたら一番恐ろしいのは幽霊や怪異ではなく、生きている人間の恨み辛みなのかもしれない。それらは消えることなく機会を待ち、幸せの絶頂期にこそ引き摺り落としにかかってくるのかもしれない。

特別寄稿 煙鳥

数珠使い

須藤さんという男性に聞いた話である。

ある日の午後、彼は喫茶店でコーヒーを飲んでいた。

「ねえ、不思議なことってあるんですねえ」

ふいに隣から声がした。

顔を上げると、隣の席にポロシャツを着て、スラックスを穿いた小綺麗な三十代くらいの男が座っていた。

突然、何だろう。

須藤さんは男が声をかけてきたことに驚きつつも適当に苦笑いを浮かべ、そうですねと答えた。

「そうですよねえ、幽霊とか、UFOとか、お化けとか」

霊感商法か何かの勧誘が始まるのだろうか。

男の意図はまったく訳が分からないが、何にせよ須藤さんは不穏なものを感じた。

男の話を適当に切り上げようとタイミングを窺っていたが、男は話し続ける。

「幽霊とかUFOとか宇宙とか不思議なものって全部繋がるんですよ。人の心とか、図形とか、数字とかも」

「頭の中もエネルギーに満ちていて。僕もなんですわ。空気とか、電波とか」

もう、何を言っているのか理解ができなかった。

早く切り上げないと。

焦っている須藤さんを前にして、男は自分のアイスコーヒーのグラスにちゃぽんと手を突っ込んだ。

男はグラスから氷を次々と取り出して自分の机に並べ始めた。

「僕はねえ、僕ねえ、僕ねぇ、僕ねぇ」

「てくびからでるんですよ」

男は、自分の手首にしていた数珠《じゅず》を外すと並べた氷の上に置いた。

すると突然立ち上がり、振り返りもせずに店を後にした。

須藤さんは唖然とするしかなかった。

一体、何がしたかったんだ。

ふと彼が置いた氷の上の数珠を見る。

机の上に置かれた氷は、真っ赤に焼けた鉄を押し当てているかのように、恐ろしい勢いで溶け出して、水分が蒸発していた。

氷には数珠玉の跡がしっかりと付いているが、数珠玉が触れていない部分は全く氷が溶けていない。

音もなく、水が飛び散る様子もない。

氷が溶け出してそのまま数珠に吸い込まれていたら、こんな様子になるのだろうか。

驚いた須藤さんが瞬間的に数珠を触ったが全く熱くはない。

数珠は氷を吸い込むように溶かし続ける。

最後には数珠を型抜きしたように穴が開き、乾ききった氷と数珠だけが残った。


男は颯爽《さっそう》と店を出て行った。

その後の足取りは分からない。何が目的なのかも分からない。

ただ一つ言えるのは、須藤さんは偶然彼と遭遇しただけであること。
これを読んだあなたの隣に、いつか手首に数珠をはめた男が座るかもしれない。
男はあなたにこう言うだろう。

「てくびからでるんですよ」

中二病

一番分かりやすい障りといえば、霊障に違いない。精神や身体にはっきりとした痕跡を残す、それはいわば霊の足跡——。

「どうも、日高っす」

若者らしい軽快な挨拶と共に現れたのは、今年で十九歳になる日高くんだ。

オレンジ色に染めた髪を逆立て、耳や首にはアクセサリーが目立つ。

しかし、それらお洒落《しゃれ》なファッションよりも目を引くのは、左手首の付け根から肘にかけて巻かれた包帯だ。

かなり厚みがあり、「常に三重巻きにしている」と聞いていた通りらしい。

「ネットタイプの包帯なんかも試してみたんすけど、やっぱり駄目でしたね。俺の場合、少しでも見えちゃうとアウトなんで。中二病なんてからかわれたりもするけど、それもあながち間違いじゃないっていうか。というのも、こうなったのが本当に中二の時で、まぁ、話した方が早いっすね。金縛りって分かります？　現象自体は随分前から医学的に解明されてるやつ。えーっと、なんだっけ、そっちの名前。まぁ俺は絶対に心霊現象だと思ってるけど」

私はその質問に、こくりと頷《うなず》く。

そして日高くんに睡眠麻痺という単語を告げると、彼は「あー、それだ！」と大きく手を叩いた。

金縛り、医学的には睡眠麻痺。正確には反復性孤発性睡眠麻痺という名称で、現代に数多く存在する睡眠障害の一種だ。身体が動かせず、幻覚症状や耳鳴りを併発するなど、昔から語られてきた心霊現象の金縛りと一致する部分が非常に多い。

ただ、私はこう考えている。

心霊現象の金縛りと、医学的な睡眠麻痺はまったくの別物だ。理由は単純で、そうでなければ到底納得出来ないような話を私自身がいくつも聞いてきているからである。

そしてそれは今回、向かいに座って話を聞かせてくれている日高くんも同様だった。

中学二年に上がってから、日高くんは頻繁に金縛りに遭うようになっていた。

布団に入って眠りに就き、十分もしないうちに目だけが覚める。最初に低い耳鳴りが響き、目と口以外の身体の自由が利かないことに気付く。

しばらくは、そのあとすぐに眠ることが出来たが、回数を重ねるごとに金縛りの時間は長くなっていった。そしてそれが一分をゆうに超えるようになってきた頃、さらにある変化が起き始める。

全身真っ黒に染まった男が、話しかけてくるようになったのだ。

日高くんによると、まるでのっぺらぼうのように、男には顔の部位が存在せず、左腕も欠損していた。その姿はさながら歩くマネキンのようだったという。

それがベッドの周囲をうろうろし、日高くんの左腕を指で触りながら、低い声で執拗に問いかけてくる。

「ここ、もらっていい?」

あまりにも恐ろしく、ずっと無視を決め込んでいたというが、黒い男が滞在する時間は日が経つにつれてどんどん長くなっていく。

「気が狂いそうで、抑えられなかった」

そう語る彼は、ある日ついに、それと会話を交わしてしまったのである。

「ここ、もらっていい?」

いつものように繰り返す黒い男。それに対して日高くんは、つい声を荒らげた。

「毎日毎日うるさいんだよ、お前！　本当に持っていけるもんならさっさと持っていけばいいのに、出来ないからうろうろするしかないんだろ！」

口など存在しないはずの黒い男が、にぃ、と笑ったように見えた。

黒い男はグッと近寄ると、身体を動かせずにいる日高くんの腕に思い切り噛み付いた。

抵抗することも出来ず、その光景に悲鳴をあげた。

だが、痛みはまったく感じなかった。

「あぁ、なんだ、これはやっぱり夢なのか」と思ったところまでは記憶がある。

「それで翌朝、目が覚めて見てみたら、腕にはっきりとした霊障が残っていたんすよ」


そこまで話すと日高くんは左腕に右手を重ね、おもむろにそこへ巻かれた包帯を剥《は》がし始める。「どんな霊障が残っているのか」と、私は息を呑むようにその光景を見つめ続けた。

三重になっている包帯を解くのには、思っていたよりも時間がかかった。

ようやくその下から現れたのは、赤く変色してガサガサになった皮膚だった。

てっきり噛み痕や穴がくっきりと残っているのか、と想像していた私は不謹慎にも少し興を削がれ、それはもしかして皮膚疾患の類ではないのかと指摘する。

「はは、医者にも乾癬《かんせん》だって言われたっす。でも違うんですよ。この腕は、金縛りに遭った時に限って、おかしくなるんすよ」

首を傾げる私に、日高くんは続けた。

「金縛りは今も続いていて、でも、もう黒い男は現れないっす。ただし、あれから金縛りにかかると、ひび割れるんすよ、ここが。皮膚のヒビ割れから虫が湧いてきたり、大きな目玉が覗いていたりして——。黒い靄《もや》が延々と入り込んでいくこともあったっけ。ただでさえ気持ち悪くて腕を引きちぎりたくなるってのに、困ったことに、あれ以降は痛覚もあるんすよ。手の中から手が出てきて俺の内臓をかき混ぜた時なんて、金縛り中に気絶したっすね。だからいつどこで寝ても大丈夫なように、包帯で閉じ込めている。隙間さえなければ今のところ大丈夫なんで。今のところはね」

嗤う人形

読者の中に家を、リフォームや解体した経験のある方はいるだろうか？　Nさんは解体業者として働いていた頃、とある家の屋根裏から出てきた物に驚いたそうだ。

その日、Nさんは打ち合わせで、愛知県の田舎にあるIさんの家に行っていた。広大な土地にあるのは、百年前に建てられたという立派な日本家屋である。ここにはIさんの両親が住んでいるのだが、百年以上経っている家は高齢の二人には住みづらい。なので最新のバリアフリー設備をそなえた平屋に建て直すことになったのだそうだ。

Iさんの父親は最初は代々続く家の建て直しに反対だったが、玄関で転んだのをキッカケに腰を悪くしてしまい、息子の意見に賛同することになった。

明日から解体する工事に入るので、その最終打ち合わせである。

解体業者のNさん、ハウスメーカーの担当者、Iさん、Iさんの父親が集まり、解体予定の家の和室で打ち合わせは行われた。

そこは建物の中心となる広い和室で、襖《ふすま》を開け放つと隣の和室と繋がり三十畳ほどの大広間になる。

打ち合わせは順調に進み、最後にNさんは家屋全体の確認をしておこうと思い、大きな梁のある屋根裏にあがることにした。

Nさんはライトを持つと、物置の奥にある上への入り口扉を開ける。もう何十年も開けていないという扉である。凄まじい埃《ほこり》がたつ。このあたりに置いてあるものは、解体と共に一緒に処分する予定である。

暗闇の中、階段をあがり天井裏に入るとライトの光を向ける。その先に何者かの笑みが見えて、Nさんは飛び上がるほどびっくりした。

改めて見直して、それが何かを理解するのに少し間があった。

それは床に置かれた大きな陶器のピエロの人形だった。しかも、新品を買ってきて「今さっきここに置きました」と言われてもおかしくないくらいにピカピカしている。

たまに隠し金庫があったこともあったが、そんな物を初めてNさんは見た。

しかももう何十年も誰も上がっていない天井裏である。

Nさんはその陶器の人形を抱きかかえ、Iさんたちがいる場所にまで持っていった。

手に持ってよくわかる。埃すらかかっていない、まったくの新品の人形である。

Iさんは「そんな物見たこともない」と言いながら、家主の父親を呼ぶ。Iさんの父親も不思議そうに初めて見たと言う。

Iさんは母親、そして妻も呼びつけ「こんな物が天井から出てきたが、何か知らないか」と尋ねるが、全員口を揃えて知らないと言う。

そしてIさんの父親が「なんか気持ち悪いし、捨ててしまおう」と言い出すと、ピエロの人形をゴミ袋に入れて庭に出た。そして金槌《かなづち》で細かく割ってしまった。

あっという間のことだったが、粉々になった人形が入った袋を指さして、Nさんに「解体ゴミとして一緒に捨てて下さい」と言った。

Nさんはそれを引き受け、打ち合わせ終わりに挨拶をし、解体ゴミ用のコンテナの中にゴミ袋を入れて帰った。

翌朝九時前、解体工事を開始するため、NさんはIさんの家の前に到着するところだった。すると、家の門の前でIさんが立って待っている。

「おはようございます！　よろしくお願いします！」

車を停めて外に出ると、Nさんは元気に挨拶をした。しかしIさんは、

「すみません。解体を少し延期にしたいのですが」

と言ってきた。

「えっ？　今からこのタイミングで？」

　そう思わず返したが、Iさんのどんよりした様子に口を噤《つぐ》んだ。ハウスメーカーの担当者もこちらに向かっているとのことで、その場で待っていたが、関係者がそろったところでIさんは延期の理由を話し始めた。

「昨晩、親父が亡くなりまして……」

　その場の皆がどよめいた。Nさんが「昨日はお元気そうでしたが――」と声に出すとIさんが話し出した。

　Iさんの父親は夜中に突然苦しみだし、救急車を呼ぶ間もなく、息を引き取ってしまったという。

「母から聞いたんですが、親父は苦しみながら、ごめんなさい……ごめんなさい……って言ってたらしいんです。そして最後に、割って……ごめんなさい……と力なく言い、亡くなったんですよ」

　その後、予定を一週間ずらして、結局解体工事は始められ予定通り終了した。

　Nさんは、天井裏で見つけた陶器のピエロの人形がいったいなんだったのか、あの人形の何がIさんの父親に障ったのか、今でも思い出して妙に嫌な気持ちになるという。

●●商店街

四月四日の夕方、翔太は東京都江戸川区にある小さな商店街を歩いていた。

三月末に地元の愛知県から引っ越してきて、ようやく荷解きやライフラインの開通が終わったばかり。

近くにある駅やスーパー、コンビニの場所は確認したが、それ以外は周りに何があるのか一切分からない状態である。

明日、五日はいよいよ専門学校の始業式。

周囲を散策するなら今日しかない。

そう考えた翔太は、幼い頃の探検さながらの好奇心で辺りをぶらついていたところ、今歩いている商店街を見つけたというわけだ。

少し錆が目立つアーチ状のゲート。そこを抜けると、ハムカツやコロッケを看板に掲げる肉屋や、どこかレトロな雰囲気を纏うゲームセンターなどが顔を出す。

愛知県からほとんど出たことがなかった翔太は、東京は都会だという先入観を強く持っていたが、見る限り地元の駅前の商店街とさして変わらないな、と思った。

しかしこれなら新しく生活を始めるにあたって、地域に親しみをもっていけるんじゃないかと考え、どこか嬉しさも感じた。

そのまま奥へ入っていくと、向かって右手側にオレンジ色の看板が見えてくる。

〈●●●●診療所〉

看板には、そう書いてあった。

歩いて二十分ほどのところに医者があるのなら、もしもの際に備え知っておいて損はない。

そう思って、表に貼られている診療案内を見るため入り口へ近づく。

木造の古い建物だ。側面にある窓には簾《すだれ》がかけられていたが、少し隙間があり、そこから受付や待合室が見えた。

しかし夕方の時間帯にもかかわらず、待合室はおろか、受付にも人影が一切見当たらない。

翔太は、そこで気が付く。

商店街に入ってから人を一切見ていない。

歩いている人間はおろか、肉屋にもゲームセンターにも、診療所にも。漂ってくる匂いなどはたしかに感じたが、客や従業員の姿はどこにもなかった。

頭から肩にかけて、どっと冷や汗が湧き出す。

本当に、今までなぜ気付かなかったのか。記憶を辿るが、思考に靄がかかる。

思わず来た道を振り返ると、そこにあるのはがらんどうの見知らぬ商店街。

これ以上進んではいけない。

錆び付いたゲートを抜けてから、十分ほどが経過していた。歩いてここまできたのだから、全力で走れば三、四分で着くはず。足に力を込め、入り口目掛けて駆け出そうと瞬間。

「ニャー」

斜め前にある路地裏から突然響いたそれに、翔太は思わず態勢を崩しかける。

それは間違いなく猫の鳴き声だったという。

ということは、その先に猫が居る。まったく生物の気配がない不気味な商店街で、その事実は翔太を大きく安心させた。

一度深呼吸をして、路地裏を覗き込む。

「ニャー」

するともう一度鳴き声が耳を伝う。鳴き声の主と目が合った。

黒猫だ。

上品な毛並み。青と緑の色違いの瞳を、真っ直ぐこちらに向けている。

ただし、それは頭部だけ。

首から下は紛れもなく人間そのもので、五歳児ほどの身長のそれは、白いドレスのようなものを纏っていたという。

「ニャー」

身体に不釣り合いな大きさの頭部。そこに付いた口が開くと同時に、それはこちらへ近づいて来る。

翔太はなんとか身を翻《ひるがえ》すと、ひたすら全速力で走った。

背後を確認する余裕などなく、追われていたのかも定かではない。

本当に入り口を抜けられたのか、どうやって戻ったのか。

それすらも曖昧《あいまい》だという。


気付けば翔太は、最寄りの駅前に居た。

行き交う人混みを確認すると、安堵で涙が溢れ、その場に座り込んでしまう。

しばらくして通りがかった年配の女性が、心配そうに声をかけてくれた。

「どうしたの、なにかあった?」

普段なら恥ずかしさで「なんでもないです」と断ってしまう場面だが、この時ばかりはその優しさに甘えてしまった。

あの商店街について聞いてみる。不気味でおそろしいあの場所に、もう二度と近付かないようにするために。

さすがに化猫に会ったことなどは話さなかったが、商店街の特徴、店舗の様子、おおよその位置。

「はあ？　この辺りには今あんたが言った特徴の商店街なんてないよ。私は小さい頃からここに住んでいるんだから。駅を間違えているんでないかい？」

最後に、判明している情報をまとめよう。

翔太が迷い込んだ商店街があったという最寄り駅は、東京都江戸川区、都営新宿線の某駅。

錆びたアーチ状の入り口を潜るとすぐに、ハムカツやコロッケの文字を看板に掲げた肉屋と、ゲームセンターがある。

しばらく奥へ進むと、オレンジ色の看板を掲げた診療所がある。

看板の院名には、ひらがなで四文字程度の苗字のような単語が付いていたという。完全に思い出すことはできないが、おそらくその中に〈やま〉という単語を含んでいた。白いドレスを纏った頭部だけが猫、その下が人間の何かが出現する。出現前には鳴き声が聞こえる。

ちなみに商店街の入り口は、堪らず引っ越しをするまでの一年の間に、その後も翔太の前に二度ほど現れたそうだ。もちろん、足を踏み入れる勇気はなかったという。

神様のおでかけ

北陸のとある離島で、島民たちから崇められていた神が居なくなったらしい。

その離島は、そう教えてくれた紗代さんの生まれ故郷だ。

冬に海岸沿いから見える霧を孕んだ真っ白い景色が幻想的な、空気の綺麗なところだという。

紗代さんが生まれる以前から続く神を祀る祭事は、年に二回、島の中だけで秘祭のように執り行われてきたというが、今や観光客も増えてきて、一年に一度、神輿を担いだり絶品の郷土料理が振舞われたりと、子供から大人までおおいに楽しめる一大行事になって久しい。

居なくなったらしい、と抽象的に表現したのは、そもそも神は目に見える存在ではないからだ。ではなぜ、それが発覚したのか。

一つ。

生まれてから一度も島を出たことがないという齢九十過ぎの島に残る最後の巫女が、動かぬ身体を引きずりながら三日三晩「神の不在」を触れ回ったこと。

もう一つ。

島から一番近い本土の村で、神隠しのように人がいなくなった事件が三件連続で発生したこと。

紗代さんは幼い頃に祖母から聞いた、島に残る言い伝えを覚えていた。

神は年に二回の祭事で鎮めないと機嫌を損ね、人間を供物にするのだと。

神の機嫌が直らぬ限り、人が消えるのも終わらない。

現在、神の行方は、誰にも分からない。

鏡のあなた

合わせ鏡や紫鏡など、日本には昔から鏡に関する怪談が数多く存在する。

それは偶然なのか、必然か。

約束の時間から十五分が過ぎた頃、富永さんは待ち合わせの喫茶店に息を切らした状態で現れた。

「ごめんなさい、ダンスレッスンが長引いちゃって」

取材前から彼女の素性は知っていたが、あらためて実物を拝むと、なるほど地下アイドルをしているだけあって容姿端麗だ。少し吊り上がった二重の大きな眼に、艶《つや》のある唇。童顔で、ピンク色がメインの可愛らしい服装。

彼女が入店した際、周囲の客や店員の視線を引いたのにも納得出来る。

私の向かいに座った彼女はアイスミルクティーを注文すると、早速今日の本題ついて語ってくれた。

「初めて認識したのは、中学一年生の頃ですね。父親が車を運転して、助手席に母親、後部座席に私。どうしても行きたかったアイドルグループのコンサート帰りでした。二つだけグッズを買ってくれるというので、ペンライトと手鏡を選んだんです。どちらも、もちろん推しの色。手鏡の背面には推しが大きく映っていて、私は高速道路を走っている最中ずっとそれを眺めていました。下道に降りたあたりでふと思い立ち、ひっくり返して自分の顔を映してみたんです。当時は面皰《にきび》や肌荒れがひどく、さっきまで見ていた推しとの差で自己嫌悪に陥りました」

キッチン方面から歩いて来た店員が、アイスミルクティー、ストロー、ガムシロップの順に机へ置く。富永さんはガムシロップを半分ほどグラスに入れると、ストローの先に口を付けた。

「その頃からアイドルを目指していたので、当たり前ですよね。というかそもそも思春期にはつきものだって言うけれど、それを喜ぶ女の子なんていないわけですよ。だから私も、さっさと消えて欲しい、推しのような綺麗な肌を手に入れたいって願ったんです」

まだ地下アイドルの段階とはいえ、当時からの夢を叶えているのは本当に凄い。そう返答する私に対して、彼女はクスリと笑いこう答えた。

「本当に私自身の力なのかは、話を聞き終わってから判断した方が良いですよ」

氷がカラン、と音を立て、富永さんの持つグラスが空になる。

　直前までダンスレッスンをしていたとのことなので、随分喉も渇いていたのだろう。しかしそんな理屈ではなく、彼女の言葉から感じた違和感が音となり、気配としてこの場に現れたように感じた。

「叶ったんです、その時の願い。両親も家に着いたら私の肌がさっぱり綺麗になっているものだから、大層驚いていましたよ。推しのアイドルを生で見て身体にも元気が注がれたんじゃないか、なんて言っておどけてみせましたが、私には心当たりがありました」

　富永さんはその容姿だけでなく、話術でも相手を自分に引き込むのが上手い。現に私は次に紡ぐ言葉が待ちきれず、彼女の一挙一動にすら注意を払っている状態だ。

「鏡を見ながら願った時、鏡の中の私が歪んだんです。その時は気のせいじゃないかと思っていたんですが、そのあと何度か試してみても同じように歪んだ。そしてただ歪んで元に戻るだけでなく、その度に鏡の中の私からはあるものが失われていきました」

　彼女は私の逸る気持ちを観察するかのようにこちらをじっと見つめ、小さく口角を上げた。

「――身長です。最初の頃は分かっていませんでしたが、味を占めて何度もその力を使っていくうちに分かりました。ある日お風呂場で姿見を見た時、鏡に映る私の身長が明らかに低かったので」

さらに詳しく聞くと、鏡の力というのは容姿に関係することにしか作用しないらしい。しかしもちろんアイドルを生業にしている彼女にとって、理想の容姿を手に入れられるということはとんでもない恩恵だろう。

だが、対価として鏡の中の自分が小さくなっていく。また、望む変化が大きければ大きいほど身長にも比例する。一気に五センチほど縮んだ時は、一重瞼《まぶた》が二重瞼に変わったそうだ。

これを聞いて私は、まるで打ち出の小槌のような話だ、と思った。

ちなみに稽古場など日常生活で鏡がある場所に居ても、他人にそれを指摘されたことはないそうで、おそらく自分にしか縮んだ姿は見えないらしい。

ただ、彼女はなぜこの話を僕に話そうと思ったのか？

実際の身体に対してまだ影響が確認されていない以上、またアイドルという仕事の性質上、他人に知られないほうが得ではないのだろうか。

「もし私がアイドルとして売れたら、昔の写真を持ち出されて比べられて、どうせ整形だとか騒がれるでしょう？　それなら先に人に話して広めておいて、不思議な力を持っているアイドルって方が盛り上がりそうじゃない？　本に書いてくれるなんて、私からしたら願ってもない機会なの」

あぁ、そういうことか。逞しい商売魂。プロ根性といった方が聞こえはいいか。

話題が移った瞬間に口調が少し砕けたことにも、彼女のそういった強《したた》かな本性が見え隠れしている気がした。

富永さんは続いて、僕にスマホの画面を見せてくれた。映っていたのは、中学一年生時の富永さんの写真データだ。

なるほどたしかに面影がなくはないが、今の方が圧倒的に整った顔立ちをしている。

彼女の言う通り、小中学校の卒業アルバムなどが掘り起こされれば、今の姿が整形などと騒がれるおそれも充分にあり得るだろう。

「それと、理由はもう一つ。自分一人だけが使っている化粧品や薬があったとして、後々出る副作用が分からないと怖いじゃないですか？　というか、こういう話を集めているあなただって口に出さないだけで、思っているでしょう？　もし本当にそんな力があったとしても、ただ鏡の中の身長が縮むだけで理想の容姿を手に入れられる、そんな虫の良い話はないだろうって」

富永さんの発言に、私はぎくりとした。話を聞いた早々から考えていたことをずばり言い当てられたからだ。

「これ、さっきも言った通り結構な人数に話しているんです。身長が縮むってところは相手によって正直に話したり誤魔化したり、それでざっと三十人には話したかな。その中で一人だけ、同じ地下アイドルをしている真咲ちゃんっていう子が、私にも同じことが出来たって喜んで連絡をくれたの。真咲ちゃんね、数日空けて食事にいくだけで、もの凄く可愛く変化していっているんです。ふふふ、この分なら私よりも早く……」

背筋に冷や汗が這うのと同時に、気付いてしまった。私も富永さんのことを言えない、狡い商売魂を持っているではないか。

不敵な笑みを浮かべる彼女の話は、やはり本書の執筆にうってつけの話だ。

そう思ってしまったのだから。

現在鏡の中の富永さんの身長は、約百二十センチ。

現実の富永さんは百五十八センチとのことなので、今の容姿を手に入れるために数年で三十八センチほどの対価を払っている計算になる。しかしそれは、強《したた》かな富永さんだからこその使用率。

直接話を聞いた私には、この力は備わっていない。だが明確な条件が分かっていない以上、本書を読むことにより第二の真咲さんが生まれてしまう可能性も否定出来ない。

仮に、仮にだが。もしこの力が備わったとしても、それ以降は一切使用しないことを強くおすすめする。

祭囃子

町医者を営むIさんが教えてくれた話。

盆の暮れにある男性患者が、幻聴がひどいという症状で来院した。耳鳴りではなく、はっきりとある音が日常的に聞こえ続けているそうだ。

力強い太鼓とそれを彩る笛の音。男性の頭の中には、一週間ほど前から祭囃子《まつりばやし》が流れ続けており、耳から離れないらしい。

季節柄、Iさんの地元でも祭りはそこかしこで開かれており、どこかで聞いた祭囃子が耳に残り続けているのではと判断した。

音楽の一部分などが耳にこびりつくのは、誰でも経験があるだろう。

もうしばらく様子を見て、どうしても続くようなら精神科を受診してみるよう勧めて診察は終わったそうだ。

けれども数日後、Iさんは強い違和感を覚える。

まったく同じ症状に悩む患者が、数日の間に五人も来院したのだ。珍しい症状を持つ人間が、小さな町医者に一気に五人も現れた。これは新たな伝染病等の可能性があるかもしれないと、Iさんは慌てて周辺の病院へ連絡をとる。

だが、他の病院には一切同じ症状の患者はいないということだった。

それなら、なにか原因になる出来事がこの近くで起きたのか。色々と推測を重ねながら、患者たちのケアを続ける。

性別や年齢、血液型や生まれ故郷もバラバラで、この土地に住んで長いという点以外、五人に共通点は見当たらない。

原因が判明しないまま日数だけが経過していく。

すると、症状を訴えていた一人が不整脈で亡くなってしまう。八十代の老婆だった。

噂で聞いたところ、老婆は死ぬ間際に「早くお祭りに行かないと」と呟いたという。

少し痴呆が入っていたこともあり、周囲の人間はこの話を気にも留めなかった。

しかし、Iさんだけは違った。例の症状を知っていたからだ。

ただ単に、聞こえていた祭囃子に反応して出ただけの言葉かもしれない。だが、続けて最初に受診した男性患者が仕事中の事故で亡くなると、いよいよ恐ろしくなった。

Iさんはこの場所に住み続けていれば、いつか自分にも祭囃子が聞こえてくるのではないか、と今も怯え続けているそうだ。

現在はせっかく開業した医院を捨てて、引っ越しをすることすら検討しているらしい。

話の性質上、さすがに詳細な地域は明かせないが、これは間違いなく日本のとある場所で実際に起きている話。

あなたは身に覚えのない祭囃子が聞こえたこと、ないだろうか？

しゃもじ先輩

「僕らのあいだでは、しゃもじ先輩って呼んでいました」

と、Bさんはスマホで撮った「しゃもじ先輩」の写真を見せながら語り出した。

Bさんが先輩と出会ったのは、ちょうどBさんが成人式の飲み会に参加した日のことだ。

街の飲み屋は新成人でごった返す。一年に一度、この日ばかりは普段外出しない若者も外に出て、飲み慣れていないお酒を飲み、羽目を外している。

そんな時やっぱり起こるのが路上喧嘩だ。例に漏れずBさんも些細なことで喧嘩をふっかけられた。

「こっちを見た見てないとかそんなくだらない理由だったんですよ」

そして通行人を巻き込み、かなり大きな喧嘩になってしまった。

その喧嘩を収めたのが、たまたま居酒屋でバイト中だった先輩で、Bさんは居酒屋の入り口にいた店員の先輩に助けを求めたということだった。

人が殴られていたのを見て、助けるために相手をボコボコに殴ってしまい、流血騒ぎになってしまった。その結果、先輩だけが傷害で逮捕ということになった。

それからBさんが先輩に会ったのは一年後のことだった。

傷害で逮捕されたが、初犯ということもあり執行猶予ということで、起訴はなく直ぐに働き口を見つけ今はまた居酒屋で働いているらしい。

「あ、お久しぶりです。成人式の時はありがとうございました」

「お前！　あん時の！」

こんな具合にBさんと先輩は再会を果たし、仲良くなっていったのだった。

それから先輩の家によく遊びに行くようになった。

先輩は一人暮らしをしていて、広い家ではないが極端に狭いわけでもなく、そこそこの部屋に住んでいたという。

Bさんの友達を先輩の家に呼んだり、先輩の友達も来たりと交友関係も広がっていった。

そんなある日、先輩が木製の二人掛けベンチを買って帰ってきた。

何故ベンチなんかを、と思った。特に椅子には不自由していないのに。

「どうしたんですか？　それ？」

先輩は恥ずかしそうに理由を話した。

どうやら先輩が警察にお世話になっている時に、偶然警察で毎月バザーがあることを知ったらしい。

囚人たちが作っている家具のバザーで、どうしても興味があり買ってきたのだという。

それからというもの壁にそのベンチをくっつけて置き、そのベンチに座ることが多くなっていた。


それからひと月程が経った時、Bさんの友達が妙なことを聞いてきた。

「先輩ってさ、夢遊病の気があるのかな?」

いや、そんな話は聞いたことがない。Bさんがそう否定すると、彼は話し始めた。

「先週さ、先輩ん家泊まったんだよ。その時夜中に目覚めてトイレ行こうと思ってさ、廊下に出たらリビングからブツブツ呟く声が聞こえてきて覗いてみたんだ」

彼は何か恐しいものを思い出したかのように自分の両腕を摩《さす》りながら続けた。

「先輩さ、ベンチの前に正座してたんだよ。まるでベンチに座ってる誰かに話しかけてるみたいに、ベンチに向かってなんか言ってた」

確かに気味が悪い話だが、寝ぼけていた可能性だってある。

Bさんは先輩が心配になり、友達と解散してすぐ先輩に「家に遊びに行っていいですか？」と連絡を入れた。

先輩から「いつでもいい」と返信が来たので荷物を取りに自宅に寄り、早速先輩の家に向かった。

先輩の家に着くと、珍しくBさんの他には誰もいなかった。

いつもは誰かしらが遊びに来ている、いわゆる溜まり場のようになっていたので二人きりなのは新鮮だった。

Bさんは先ほど友達から聞いた話のこともあり、少し緊張していた。

しかし久しぶりに先輩と二人で楽しく酒を飲んでいると、そんな話はすっかり忘れ潰れるまで飲んでしまった。

Bさんは誰かの話し声で目を覚ました。

横になったまま声のする方に目を向けると、先輩の背中が見えた。先輩はベンチに向かい合うように正座をし、小さい声で何やら話していた。

友達が見たという先輩の奇行を思い出し、Bさんはしばらく様子を窺うことにした。

友達は「ベンチに座っている誰かに話しかけるように」と言っていたはずだが、観察していると先輩の目線の高さに少し違和感を覚えた。

明らかに先輩の視線はベンチの背もたれに向かって注がれていた。つまり、人間よりも何か小さいものに話しかけているのだ。

何に話しかけているのか気になるが、先輩の陰に隠れてしまっていて見えない。

Bさんはゆっくりと起き上がり、先輩の背中越しに覗こうとした時、突然先輩がこちらに振り向いた。

驚き固まっていたBさんに先輩は「お！　紹介するわ！」とニコニコしながら少し横にずれベンチの上に置いてあるものを見せてきた。

それは「しゃもじ」だった。

木で出来た、どこにでもある「しゃもじ」だ。

頭が混乱して何も言葉が出てこないBさんに先輩は「挨拶してくれよぉ」と、しゃもじに近寄るように促してきたのだった。

Bさんは「ど、どうも……」としか言えなかったという。

異様な空気に耐えられなくなったBさんは、急用を思い出したと先輩の家を後にした。

それからというものBさんは怖くなってしまい、先輩の家に遊びに行かなくなった。

自分が見たものを友達にも話すと、やはり複数人がそのようすを目撃していたようで、皆なんとなく気味悪がって、先輩と疎遠になっていった。

それから一年が経った。

久しぶりに当時の友達に会い、先輩の話になると「あの人、今刑務所に入ってるってよ」と聞いた。

なんの因果なのか、先輩は刑務所のバザーで買ったベンチを使い始めてから様子がおかしくなり、自身も今は刑務所に入っている。

「しゃもじ先輩」というあだ名はこの一件から付いたのだった。

メメント・モリ

「怖い話の中でも、聞いたら障りのある話ってない？」

Wさんに電話した時、

「あぁ、ちょっと違うかもしれないし必ず何かあるわけじゃないと思うけど、現在進行形の話があるよ」

と言われたので、僕はすぐにWさんを近くの喫茶店に誘った。

ゴミ処理場で働くWさんの身辺で、どうやら不思議なことが起こっているらしい。


「最初は虫とか、そのくらいのレベルだったんだよ」

そう言いながらWさんはコーヒーに口をつけた。

「どういうこと？」

僕もコーヒーを飲みながら質問する。

「最初は、虫みたいに小さい生物の幻覚みたいなものを見るようになったんだよ」

飛蚊症《ひぶんしょう》という、黒い虫のようなものが飛んでいるように見える目の症状があるのはご存知だろうか？　僕はその病気の疑いがないかWさんに聞いてみた。

「自分も飛蚊症だと思って眼科に行ったよ。でも異常なしだった」

それからしばらくして、Wさんは道路で車に轢《ひ》かれて死んでいる猫をよく見るようになった。

ある日、知人と買い物に行こうと車を運転していた時、道路の脇に猫の亡骸を見たWさんは「最近猫が轢かれているのをよく見るんだよ、今も道路にいたな」と知人にボヤいた。

ところが知人は、轢かれた猫などいなかったと言うのだ。

「ええ？」と思ったWさんはどうにも気になって、引き返してもう一度同じ道を通ってみた。すると、確かに、友人の言った通り猫の死骸などない。

それから数日してWさんは、仕事場の同僚に「最近変なことが起こるんだよ」と、虫や猫の死骸のことを話した。

同僚は、何かの見間違いだろうと笑いながら聞いていたこともあり、Wさんも勘違いだろうという考えになり、あまり気にしないことにした。

それからしばらく、見ることもなかったので半ば忘れていたある日の職場でのこと。

Wさんは、集めてきた粗大ゴミをベルトコンベアに載せる係をしていた。

大きなロッカーが来ていて、同僚と二人で持ち上げてコンベアに載せようとした。

それが、とんでもない重さで、やっとのことで載せたのだが、その勢いでロッカーのスライドの扉が少し開いた。

中から黒い髪の毛のようなものが飛び出している。

え？　人が入ってる？　そう思ったのだが、コンベアが動いてロッカーはどんどん運ばれて行ってしまった。

ゴミは最終的に大きな処理用の穴に落ちるのだが、Wさんはどうにも気になってさっきのロッカーを見にいった。

ちょうど穴に落ちるところだったのでそのまま見ていると、ゴミが穴の底に着地した瞬間、大きく開き、中から人の腕がだらりと出てくる。

やばい！　やっぱり人が入ってた！

焦ったWさんは急いで同僚に報告しに行った。

「おい！　さっきの重かったロッカー、人が入ってたぞ！」

息を切らしながら同僚に叫ぶと、その同僚は、

「重いだって？　全然重くなかったし、中身カラだったよ」

何言ってんだと言わんばかりに、Wさんに返した。

そのときWさんは、自分にしか見えない何かだが、確実に大きな生き物になってきているのだと実感して驚愕したという。

Wさんに、そういうものを見えるようになったキッカケがあるのかと聞くと、あるアプリを開いて見せてくれた。誰でも知っている写真投稿型のSNSだった。

Wさんはこのsnsに色々な風景写真などを投稿しているのだが、あるアカウントの投稿写真をたまたま見てしまったのだそうだ。

それは、虫や猫、犬やハムスター、鳥など、生き物の死骸を撮った写真だった。

そしてそこには、ある言葉が添えられている。

「memento mori」――メメント・モリ（死を想え）。

たまたま見てしまったのだが、それ以来、不思議な現象が起こるようになったのだという、Wさんはそれから自分の死についても考えるようになったという。

しかし、その話を聞いて僕が検索しても、それらしいアカウントを見つけることはできなかった。

そして、Wさんは、次は何を見てしまうのかと少し怯えているという。

一番多いクレーム

僕の地元・名古屋の先輩で、十年前にアパレルショップをオープンしたHさんの話をしておこうと思う。

自分のブランドを立ち上げ、そして店舗も出すという偉業を成し遂げた先輩を僕は尊敬している。残念ながら店舗は閉店してしまったのだが、Hさんが僕に話をしてくれた。

それはHさんと久しぶりに会って食事をしている時だった。

「お疲れ様でした。これからはネットショップに移行するんですよね？」

「そうだね、もうそういう時代だよね。まぁ店舗を閉める必要もなかったんだけど、問題というかクレームが結構あったんだよね……」

少し納得がいってないような表情をしながらHさんは話を続けた。

服にクレームが来るようなことがあるのだろうか？　値段が高いとかそういうことか？

そんなことを思いながら、僕はHさんに聞いた。

「服って、そんなにクレームがくるもんなんですか？」

「あぁ？　いや、服にはクレームなんてきたことがないよ。さっきも言ったけど本当は店舗を閉めなくてもよかったんだ。クレームっていうのは、店舗自体に対するクレームだよ」

店舗自体にクレームなんてあまり聞いたことがなかったので、申し訳ないが僕はそのクレーム内容に興味津々になってしまった。

「お前、怖い話好きだったよな？」

Hさんは唐突に聞いてきた。

確かに僕は怖い話が好きでこうして怪談本の執筆もしているが、こんな食事の場で見境なく怖い話はしない。いわゆるＴＰＯを弁えている系の怖い話好きだ。

「怖い話好きですけど、あまり食事時はしないですね」

Hさんは察してか、

「いやいや、怖い話をしようってわけじゃなくて。クレーム内容がさ、その――幽霊っての？　そういう心霊系のクレームなんだよね。俺は怖い話とか、本当はまったく興味ないし、幽霊も当然見たことないし、信用もしてないんだけど」

突拍子もない話に、僕は身を乗り出してその話に食いついていた。

「それで内容ってなんだったんですか？」

「鏡なんだよね――」

新しく店舗をオープンし、若い世代にHさんのブランドは人気があった。キャラクターのロゴが可愛い、ユニセックスなデザインが受けて、繁華街の中心からは少し離れるが学校帰りの高校生たちが多く店に来ていた。

「フィッティングルームが怖いってクレームがくるんだよ」

店の奥に一か所設置してある試着室。そこに商品を持って入った高校生が、慌てて出てくることが何回かあった。

「変な人がいる」と半べそをかきながら女子高生が、手にした服を置いて急いで店を出て行ってしまったこともある。

防犯上問題があるのかと調べたが、何もない。やがてアルバイト従業員の中でも、誰もいない店内を人が歩くのを見たと言って、気持ち悪がって辞める者も出てきた。

ある日、カップルで店に来た高校生がいた。服を選んでフィッティングルームに二人で入っていった。すると、彼氏の方が慌てたように出てきた。それを見て、Hさんはフィッティングルームのドアをノックして、中に残っている彼女の様子を窺った。

彼女はドアを開けてHさんに視線をやったが、様子がおかしい。なんと、何もない空間に向かって口を動かしている。声を出してはいないが、何か話しかけているようだ。

「あ、えーと」

Hさんは戸惑っていると、彼女は空間に大きくうなずいてからHさんに向き直った。

「すみません。この鏡ってどこで買いましたか？」

フィッティングルームの鏡を指さす。シンプルな額の鏡だ。ゴールドの額だったものをスプレーで黒に塗ったものだった。そう伝えると彼女は、

「鏡、換えた方がいいです。多分お店潰れちゃいますよ」

ずいぶん失礼なことを言う変わった子だなという印象だったが、詳しく聞いてHさんは唸《うな》ってしまった。

Hさんの店の目の前は大きな更地になっている。ここには以前、総合病院が経っていたのだが廃業し、ショッピングセンターが建つ予定になっている。

実はその病院が廃業してしばらく、心霊スポットとして有名になっていた。やがて更地になっても、奇妙な人影が道を横切るのを目撃する人が多かったという。

そしてまさに、その人影たちが消えるのがHさんの店の横壁だった。

その延長線上にフィッティングルームがある。

「この鏡が元凶です。もともと良くないものなのに、ちょうど霊道に設置されて道を作ってしまったんです。その道は塞げないので、ここはやめたほうがいいですよ」

Hさんは思い当たることもあるので、その話を信じたのだという。

「鏡はワケありな感じのリサイクルものだったしね。店舗はそのせいもあったのか売り上げは伸びなかったし、ネットで売る方が率もよかったから、やめるのにちょうどよかったんだ」

そして店舗の備品はリサイクルショップに全部引き取ってもらったよ。

もちろん鏡もね――。

僕自身、古物商免許を持っていて、業者しか入れないオークションにも出入りしていたのだが、そこで聞いた興味深い話があるので読者の皆様にも伝えておく。

「中古で買ってはいけない物がある。人の想いが入る物はすぐに手放せ。その中でも軍もの、櫛《くし》、そして鏡はやめておけ」

これは古物商の間では常識だそうだ。

中古品

読者の中でもオークションサイトやフリマサイトを利用する人は少なくないと思う。

Rさんも日本国内ではもちろん、海外のオークションでの販売や購入を楽しんでいた。

フィギュアなど日本製のものは海外オークションでは高くなるそうで、Rさんが目をつけたのは、大ヒットした某鬼退治のアニメのキャラクターフィギュア――の下に敷く、A4サイズほどの畳だった。

日本の和装のキャラクターを飾るのに和風の風景が欲しい。畳がいいけれど大きすぎて――というニュースを見て、フィギュアを飾るちょうどいいものがないのかと調べたら、A4サイズの畳を扱う人形屋があった。本来はひな人形などを飾るものだそうだが、それを手に入れて出品したら大当たりしたのだ。

それからは、日本らしい物を求めている人は世界にたくさんいると思い、着物や帯のハギレ、扇子、櫛、和装小物などを色々と出品していった。

「他に何か変わった物とか出品しないんですか？」

そんなことを訊くと、困ったような顔をしてRさんが言った。

「言い難《にく》いんですが、畳以外にも当たった商品がありまして――」

それは「御札」だという。神社に参っていただくあの御札である。

これが、特にヨーロッパ圏に売れるのだそうだ。

ヨーロッパには柔道や空手の道場がたくさんあるそうで、神棚を形として置いてあるところが多いのだという。ただ、その神棚には何も祀られていない。なのでその神棚に納めるための御札が良く売れるのだという。

そんなことがあるのだなあと感心していると、Rさんが「御札といっても……」と言いよどむ。

よくよく聞くと、ある秘密があるらしい。

それは御札の入手先だ。

御札は神社に参った後、社務所なのでいただく（買う）ものだ。Rさんも、もちろんそのようにして入手したものをオークションに出品していた。

地元の神社に頻繁に通ううちに、いつしか神社の息子と仲良くなった。やがて、結構な数の御札を買うのは大変だという話をしていたら、息子が「こっそりだけど」とRさんに耳打ちした。

「年末にはたくさん回収されるから、安く譲ろうか?」

一年の役を終えて神社に奉納され(回収ボックスに集まる)、お焚き上げをする御札を回すというのだ。

なるほど! とRさんは手を叩いた。考え方次第では中古品である、それを安く仕入れて高く売る——理にかなっているのではないか?

その年の終わり、Rさんは十五枚ほどの使用済みの御札を受け取った。

それらの写真をオークションサイトに写真を上げ、売れるのを待っていたのだが——。

一月中旬のこと。外出中にRさんの家で小火《ぼや》騒ぎが起こった。

煙が発生し、それを見つけた近所の人が消防に通報して大騒ぎになったのだ。

Rさんが戻って部屋の中を確認したが、結局、火の気はなく、発生した煙もいつの間にか消えてしまったので誤報ということで収まった。

しかし、Rさんは「もしや」と思い、御札を入れていた箱を開けて唖然とした。

中に入っていた使用済みの御札がすべて、黒く変色してしまっていたからだ。

慌てて神社の回収ボックスに突っ込むと、サイトに上げていた写真を取り下げた。

「神様はおっかないですよ。あれはもうやらないです」

それ以来、御札の出品はしなくなり、神社に行くこともなくなったという。

恨みます

友人のKくんが京都のとある大学に進学し、京都で一人暮らしをしていた時の話だ。

三回生の頃、同期の仲の良い友人三人が心霊スポット巡りにハマっていたという。

Kくんは、昔からそういう場所があまり好きではなく、誘いを断り続けていた。しかし「一度くらいは付き合えよ」とすねる友人たちとの関係を考えて、その夜、初めて付き合うことにした。

Kくんの部屋に四人集まり、どこに行こうかと相談をしてるうちに、せっかく京都にいるのだから丑《うし》の刻《こく》参りで有名な貴船《きぶね》神社に行こう、ということになった。

(でも貴船神社って、夜には門は閉まってるよね?)

貴船神社の灯籠のある有名な石階段の上には神社に入る門があり、夜には扉が閉まっているのをKくんは知っていた。なので、中には入れないだろうとひそかに安堵した。

やがていい時刻になり、そろそろ貴船神社へ向かうことになった。

車を取りにいった友人が戻ってくると、一人が助手席に、Kくんともう一人は後ろの座席に座った。それぞれがハマっている音楽などをかけながら、ワイワイと山道を進んでいった。

真夜中近くに貴船神社に着いた。ネットで見ていたのは灯りのついた灯籠が美しい画像だったが、深夜だからかそんな照明はなく真っ暗で、懐中電灯を片手に足元を照らしながら階段を上がらなければならなかった。

もはやKくんは帰りたくなっていたが、とにかく門まで行けばみんな納得するだろうと黙って後ろをついて歩いた。ようやく門の前にたどり着く。

「やっぱり閉まってたね、帰ろっか！」

当然閉まっていた門を前に、Kくんが言った瞬間、

コーン――コーン――

と何かを叩く乾いた音が響いた。

四人はそれぞれの顔を見合わせ、静かになった。

「これってアレだよな？」

一人が声を落として話す。もう一人も「そうだよ、アレだよ」と答える。

丑の刻参りをやっている人がいるんじゃないのか……？

「見に行こうよ」

一人が言い出し、音のする方へと向いて指をさす。三人がわらわらとそちらに向かい、石段の横の柵を越えて石垣を登って森の中へと入っていく。

Ｋくんは唖然としたが、ここで置いて行かれるのも嫌だと思いついていくことにした。

コーン――コーン――

音が近くなってくる。

「この辺りじゃね？」と、先頭の友人が動きを止めて先の方を指さした。

確かに何か白い影が暗闇の中で動いているように見える。皆で息を凝らしてそちらを見つめていると――。

髪を振り乱し、一心不乱に木槌を木に振り下ろしている白装束の女がいる！

「もうちょい近づいて、顔を見ようぜ」

先頭の友人がそう言いながら足を前に出した時、足元の枝を踏んだかで思いがけず大きな音を立ててしまった。

「あ！」

と思った瞬間、先頭の友人が「逃げるぞ！」とこちらを振り返って、急に駆け出し始めた。

「え？　どうしたの、なに？」

Ｋくんはパニックになったが、その時、向こうから女がこちらに向かって走ってきているのが見えた。その形相が闇の中で異様に白く浮き上がっている。

「うわぁあああああ！」

あわてて友人の後ろを追いかけ、柵を越えると石段へと転がり出た。

そして後ろを確認すると、女もこちらに走ってきている。

まだ追ってきている！　早く逃げなければ！

石段を中腹ほどまで下りてきた時、後ろを再度確認すると階段の上の方に女がいた。

なんだよあの女、やばい！　と、振り返ることなくひたすら走る。

すると突然、Ｋくんの後ろにいた友人が、

「飛んだぁ!!」

と叫んだ。

え？　と思った瞬間、Ｋくんの上を女が飛び越えていくのが目に入った。

Ｋくんはこの時のことをスローモーションのようだったと語っている。

女がＫくんたちの上を弧を描くように飛び越え、着地の瞬間こちらを見ながら、道路に吸い込まれるように消えた。

「あれは、貴船神社で丑の刻参りをする幽霊を見たってことなんでしょうかねえ?」

とKくんは思い出して身を震わせた。

その後のこと。

Kくん以外の三人が翌日に体調を崩し、そのうちの一人は急性の内臓疾患で当面の間、入院することになってしまった。

この奇妙な夜の話は友人の間で暫く話題になったが、話を聞いた人の中で同様に体調を崩す人が現れるようになった。

Kくんはある日、そうなる人たちの共通点に気がついた。Kくん以外の三人は京都が地元であり、他の体調を崩した人たちもそうであった。

どういう因果かは分からない。この話を読んでいる皆さまの出身地が京都でなければよいのであるが——。

Ｖｔｕｂｅｒな彼女

現在、美術系の専門学校に通う凛さんが、まだ高校三年生の頃。

兄がとあるＶｔｕｂｅｒに大ハマりしていた。

Ｖｔｕｂｅｒとは動画配信を顔出し無しで行い、代わりにイラストなどを元にしたアバター姿で視聴者とコミュニケーションを図るという、近年生まれた新しい文化だ。

異国の騎士や姫だったり、または人間ではなく動物や怪物、食べ物をモチーフにしていたり。その様式は実に多岐にわたる。

共通しているのは、アバターにはそれぞれ性格や生い立ちが存在し、配信者はそれに沿って会話や行動を為すこと。

時に笑いを、時に感動を生むその生き様は見る者を魅了し、今や世界中にファンが存在するほど大きなコンテンツとなっている。

凛さんはその日の晩、母親と兄の三人で食卓を囲んでいた。

わかめと豆腐の入った味噌汁をすすり、生姜焼きの乗った皿へ手を伸ばそうとすると、インターホンの音が響いた。

母が箸を止めて立ち上がり、受話器を取る。そこから「長坂さん、宅配便です」という声が漏れ聞こえてきた。

母は部屋の入り口付近にある青いスリッパを履き、玄関へ向かう。

「またグッズ買ったの？　ここ一週間、ほぼ毎日宅配便来てるじゃん。今度はなに？」

二つ年上の兄、悟志さんは高校を卒業後すぐにアルバイト先だった飲食店へそのまま就職し、当時二年目となる社会人だった。

仕事人間で趣味や女性の影がなかった兄は、つい一ヶ月ほど前に見つけたという女性Vtuberに、ここ最近はまるで恋人のように焦がれている。

「おう、ボーナス入ったからな。今日届くのは多分タペストリーかブランケット。あと今月はTシャツとマグカップ、ヘアピン、ポーチが届く予定だ」

「げぇ、じゃあまだ宅配便ラッシュが続くのか。ていうか、ヘアピンやらポーチやらは使わないでしょ。必要ないじゃん」

「気持ちだよ、応援する気持ち。明日は二時からついに初めての歌枠だから、今月は奮発して大量にグッズを買ったんだ。午後から半日有休も取ったし、準備は万端だな」

歌枠とは、主に歌を披露する生配信に付けられる総称だ。

アーカイブとして残る可能性も高いが、ファンなら生で活躍の瞬間を見たいというのは道理だろう。

「ふーん。まぁ、生活が苦しくならない程度にしときなよ」

「分かってるって。まぁ、キサラギヒメのためならどうなっても本望だけど」

その返答に対して、凛さんはもう少し強めに釘を刺したておきかったが、強く言えない理由があった。

二年ほど前、高校一年生の時。凛さんもある男性アイドルに入れ込み、お小遣いのほとんどを使い果たしてしまった過去があったからだ。

少しでも憧れの人物の力になりたい、という兄の気持ちは痛いほど理解できる。

また、悟志さんはもう社会人二年目の大人。まだ十五歳だったあの頃の自分と違い、身を切り崩すような失敗はしないだろうという信頼もあった。

その日の夜、中々寝付けずに布団の中でスマホを弄《いじ》っていた凛さん。

ダンスや化粧の動画を適当に見て周っていたが、ふと、幼い頃から何かに強く興味を持ったことのない兄が、あれほど入れ込む存在がどんなものなのかと興味が湧く。

凛さんはＶｔｕｂｅｒという存在は知っていたが、実際に動画を見たことはなかった。

とりあえず、ウェブ検索の窓に【キサラギヒメ　Ｖｔｕｂｅｒ】と文字を入れて検索してみる。

すると、検索結果には類似点がある名前のＶｔｕｂｅｒが羅列されるばかりで、キサラギヒメ本人と思しきチャンネルは現れない。

もしかしたら名前の聞き間違いか、もしくは漢字表記が独特だったりするのか。

登録者数や配信しているサイトだけでも聞いておけばよかったと後悔した。

まぁ、明日にはまた顔を合わせるのだから、直接ＵＲＬを送ってもらえばいいか。

そんなことを考えながら、そこからもしばらく色々なワードを試してみた。

しかし、結局その晩、キサラギヒメのチャンネルを見つけることはできなかった。

翌日の午後二時前。

苦手な英語の授業中、寝不足な凛さんは勝手に閉じそうになる瞼をこすりながら、なんとか黒板へ焦点を合わせていた。

そこへ突然、目が覚めるほど大きな音が響く。

教室の入り口から学年主任の男性教諭が扉を乱暴に開け、息を荒げて入ってきた。

授業の真最中である。それにもかかわらず乱入してきた青い顔の学年主任に、教室は一気にざわめき始めた。

この時点で凛さんは、なぜか猛烈に嫌な予感を感じ取っていたそうだ。

そしてその予感は、見事に的中してしまう。

「長坂！　長坂凛は居るか⁉　すぐに帰り支度をしなさい！」

兄の悟志さんが運転する車が仕事の帰り道、凄いスピードで中央分離帯に突っ込んだ。

現在は手術の真っ最中で、椅子には凛さんと母、そして仕事を抜けて駆けつけた父が並ぶ。

「大丈夫、大丈夫だから」と自分に言い聞かせるように何度も呟く母の姿が、強く印象に残っているという。

主な外傷は全身打撲と、六箇所の骨折。

特に右腕は損傷が激しく、手術に時間がかかると言われたが、それでも頭に怪我を負わなかったのは不幸中の幸いだと思った。

事故に遭った場合、説明された怪我の程度が命に関わる確率はどのくらいなのか。おそらくスマホを使って調べることもできたが、そんな勇気は湧かなかった。

凛さんは合わせた両手に額をつけ、ただ悟志さんが無事に戻ってきて欲しいとひたすら祈り続ける。

それから、何時間が経過しただろうか。人生で初めて父の涙を目撃すると同時に、手術室から担架に乗せられた悟志さんが姿を現す。

数多の点滴や医療器具に繋がれた兄の姿は、家族を一段と動揺させる。

しかし落ち着いて話を聞くと、しばらく集中治療室で様子を見て、容態が悪化しなければもう命の心配はないということだった。

溢れ出す涙を止めるのに、数十分。

その後ようやく不安や緊張の糸を少し緩めることが出来た凛さんは、県外に住んでいる祖父母へ現状を連絡するため院外へ移動した。

スマホの電源を入れると、時刻は既に十二時を回っていた。

祖父母への連絡を終えたあと画面に目を移すと、表示されたのは沢山のSNS通知。確認してみると、そのほとんどが自分や兄を心配してくれるクラスメイトからの連絡だった。

時間が時間なので多少躊躇したが、凛さんはとりあえず兄の無事を伝える返信をしていくことにした。

受信時間が古い順に、簡潔なお礼の文章を打つ。その作業を続けて行っていくと、画面はどんどん上へとスライドしていく。

そして最後、一番上に位置する送り主とメッセージを見た瞬間。

凛さんの指は止まり、身体は凍り付いた。

【それにしても楽しかったなぁ、本当に。キサラギヒメの歌枠——】▽続きを読む

兄の悟志さんからのメッセージだった。時刻は十一時過ぎ。

——有り得ない。メッセージを送ることなど不可能だ。この時間、兄は手術の真っ最中だったのだから。

引いたはずの冷や汗が、せき止められていた土砂のように一気に噴き出す。

凛さんは震える指で、なんとか画面をタップする。

全文は大体、次のようなものだったらしい。

【それにしても楽しかったなぁ、本当に。キサラギヒメの歌枠。思っていた通りとても綺麗な歌声だった。凛や父さん母さんの声が邪魔で聞こえない曲もあったけど、六曲もフル

で聞けたから満足だ。分かった分かった、もう戻るよ】

急いで院内へ戻り、父と母にスマホの画面を見せようとした。

だが、先ほどまでたしかに存在したはずのメッセージは、忽然と消えていた。

いくら起きたことを説明しても、両親は「悟志がこんな目に遭って、凛も疲れているんだろう」と凛さんの話を真面目に捉えることはなかった。

凛さんは病院から帰ったあと、ネットで〈キサラギヒメ〉に関する情報を徹底的に調べた。

兄の事故が起きた時間付近のアーカイブやリアルタイム検索はもちろん、少しでもヒントになりそうなサイトにはすべて目を通した。しかしいくら調べても、ＶｔｕｂｅｒキサラギヒメIに関する情報は一片すらも出てこない。

おかしい。なにもかもが。あんなに沢山のグッズが発売されるほどのＶｔｕｂｅｒで、こんなことが有り得るのか。

午後二時の時点で既に事故に遭い、さっきまで手術を受けていた兄が、どうやって二時から始まる歌枠を視聴したというのだ。

明け方、兄の部屋へ入り、積まれた段ボールを漁った。グッズの製造会社やアバターの容姿、記載されている綴りから再度検索をかけるために。

しかし、どういうわけか段ボールには送り状が付いておらず、そこから出てくるのは無地のタオルやボールペンばかり。昨日届いたはずのタペストリーも、誰もが知っている有名キャラクターのものだった。

その後、周りに聞いても、SNSで呼びかけてみても、誰一人、キサラギヒメに関する情報を持ってはいなかった。

数日して意識が回復し、面会が許されるようになった兄にも直接聞いてみたが、あれだけ熱をあげていた悟志さんの記憶からすらもキサラギヒメは完全に消え去っていた。

最後の頼みの綱がこうなってはもう、キサラギヒメの存在をどこからも拾いあげることは出来ない。

多少の後遺症が残ったが、現在では仕事に復帰している悟志さん。

当時の事故は慌てて運転していたのが原因だと認識しているが、何故そんなに急いでいたのかは全く思い出せないという。部屋に置かれた段ボールやグッズについても「俺の部屋に荷物を置くなよ」と凛さんに言ってきたらしい。

しかし、凛さんだけは知っている。

〈Ｖｔｕｂｅｒ　キサラギヒメ〉
彼女、いや。ソレが兄を地獄へ誘《いざな》おうとしたのだと。

この話を取材した時、はっきり言っていささか突拍子もなさすぎると思ったし、最初は私も凛さんの両親と同じような感想を抱いた。

しかしそれでも、最終的に彼女の言葉を信用し、この話で筆をとらせてもらおうと決めたのは。

近頃のネットやゲーム依存問題、行き過ぎた推し活、執拗な誹謗中傷。

現実をないがしろにしてまで、それらへ入れ込み過ぎる者達の多さ。

そこに怪異が関わっていても、なんら不思議はないのではないかと感じたからだ。

もはや人によって現実より、ネットの世界に没頭する時間の方が長いとまで言われる昨今。

人の負の感情に付け込む怪異達がこのままネットの海に蔓延するのは、実に合理的で、時間の問題なのかもしれない。

かげふみ

小学校の同じクラスに、転校生がやってくるらしい。

進藤くんは一月二十日の登校後にその噂を聞き、わくわくしながらその時を待つ。

周囲では今日から新しい髪型にしてきたクラスメイトが注目を浴びたり、家族旅行に行っていたクラスメイトがお土産を配ったりしている。

しばらくしてチャイムと同時に始まったホームルームで、タカミヤシュウイチという少年がクラスの仲間入りをした。担任の先生から紹介を受けると、小さな声で「よろしくお願いします」と呟いた彼は、とても緊張しているように見える。

転校生が男の子だと分かり、早く仲良くなりたかった進藤くんは、昼休みにシュウイチが給食を食べ終えたタイミングで声をかけた。

「ねぇ、皆と一緒に外で遊ばない?」

「なにをするの?」

「かげふみ!」

当時四年三組では、かげふみが大流行していた。昼休みにも放課後にも、雨の日以外は毎日のように外でお互いの影を踏み合う。シンプルな遊びだし、仮にシュウイチがルールを知らなくても、すぐに理解して楽しめるだろうという思惑もあった。

「落ちるから、やらない」

しかしシュウイチから返ってきた言葉。それは進藤くんを困惑させた。

落ちるとはどういうことか。提案したのはかげふみで、木登りや高鬼を提案しているわけではない。

「えーっと。かげふみは運動場でやるし、高い所に登るのは無しだよ」

「ううん、落ちるから。やらない」

そこからどう説明しても、シュウイチの意見は変わらなかった。

もしかして本当は遊びたくないだけなのかな？　などと考えていると、別のクラスメイトが「進藤、もたもたしてると昼休み終わっちゃうよ。早く行こうぜ」と声をかけてきた。

時計を見ると、休み時間は残り二十分程度。たしかにこのままでは、せっかくの昼休みが教室に居るだけで終わってしまう。

少し後ろ髪を引かれたが、また明日も誘ってみればいいだけだと考え、進藤くんはシュウイチを残して友人達と校庭に向かった。

その日の放課後。昇降口を出た辺りを友人と歩いていると、前を歩く人物の一人に目が留まった。高めの背に、珍しい色のランドセルを背負っている。

シュウイチだ。転校初日でまだ一緒に帰る友達が居ないからだろう、一人で黙々と歩いていた。

方向が同じなら「一緒に帰ろう」と声をかけてみよう。昼の件で少し罪悪感もあったため、シュウイチの方に歩み寄ろうとする。

すると、照りつける太陽が地面に映ったシュウイチの影を大きく長く伸ばしていることに気が付いた。

これは、チャンスだ。

そう思った進藤くんは人差し指を鼻と口に付け、隣に居る友人に向けてシー、と小さく息を吐いた。そして足音を立てないよう、ゆっくりとシュウイチの背後へ忍び寄って行く。

「影、踏んだ！」

いよいよ真後ろまで移動すると大声でそう叫び、勢いよくシュウイチから伸びていた影を踏みつけた。

――はず、だった。

実際はシュウイチの影へ右足が接触した瞬間、地面のような感触など無かった。まるで水溜まりにでも足を踏み入れたかのように、ずぶりと右足が沈む。

そこからはゆっくり時間をかけてではなく、ほんの一瞬で。滑り落ちるように身体がシュウイチの影に呑まれていく。

悲鳴を上げる暇すらなかった。

何も聞こえず、見えず、喋ることすらできない。

ただ突然、真っ暗な空間へ投げ出された。

何が起きた？　ここはどこだ？　自分はどうなっている？

……影に、落ちた？

不安や恐怖、疑問が鉄砲水のような勢いで現れ、心を蝕《むしば》んでいく。

終わることのない闇。どれだけ続いただろうか。

ようやく目を覚ました先は、四年三組の教室だった。


進藤くんは目覚めたあと、何が起きたのかまったく分からず、周囲を見回した。

外には運動場が見えるし、クラスメイトは居るし、教室の後ろに飾ってある書初めも間違いなく自分たちが書いたものだ。

ああ、良かった。ここは間違いなく自分のクラスだ。きっと悪い夢でも見ていたんだろう。

「はい、進藤くん。お土産のチョコレート」

しかし、かけられたその言葉に戦慄した。クラスメイトが渡してきたそれを直ぐに受け取ることができずに、急いで黒板の右下にある日付を見る。

……嘘だ。とてもじゃないけれど、信じられない。

「どうしたの？　ほら、お土産」

お土産を渡されることも、今登校してきたクラスメイトが髪型を誉められることも、周囲の言動、行動、仕草にいたるまで。それらはすべて今朝見たものと同じ景色だった。

あれは悪い夢を見ていただけだと思っていたかったが、おそらくそれは許されない。

間もなく、ホームルームが始まるからだ。同じ日が繰り返され、朝の出来事と同じことをなぞっているのだとすると、タカミヤシュウイチが転校してくるはず。

無情にもチャイムは鳴り響き、クラス担任が扉を開けて教室に入ってくる。

人を呑み込む影を持つ転校生。その姿を再び見ることが恐ろし過ぎて、机に上半身を突っ伏してその恐るべき時を待つ。

かすかに担任の声が聞こえる。

そして――。

朝の記憶だとすぐに転校生の紹介があったはずだが、一向にその気配がない。扉が開く音も聞こえない。

おそるおそる顔を上げ、もう一度黒板を確認したが、やはり日付は一月二十日。

しかしどういうわけかそのままホームルームは終わり、結局タカミヤシュウイチが転校してくることはなかった。

友人に聞いても、口を揃えて転校生が来るなんて噂は聞いていないとのこと。

なんだ、そうか。やっぱりあれは夢かなにかだったんだ。

安堵して大きなため息を漏らしたその刹那。

「ほら、落ちた」

耳元から小さく聞こえた声は、間違いなくタカミヤシュウイチのものだったという。

他人からの忠告は無碍《むげ》にせず、聞いておくにこしたことはない。

たとえそれが、どんなに突拍子のないことであろうとも。

キラキラネーム

人生のある時を境に、絵里さんには強力な霊感が備わってしまったという。

現在もその症状に苦しめられ、人通りの多い場所には近付くことすら抵抗がある。

見えている素振りを見せない限り、向こうから何かを仕掛けてくることはほとんど稀だそうだが、それでも、もともと血が苦手な絵里さんに彼らの容姿はグロテスク過ぎた。

顔を半分失った霊が目の前で大量の血を吐いた時などは、思わず声をあげてしまい「死んだ方がマシだ」と思ったそうだ。

そうなった理由があるのかと、心霊スポットを訪れて何かをしただとか、自分に強く恨みを持った誰かが亡くなっただとか、遊び半分で降霊術を試しただとか――筆者が今まで見聞きした内容を例としていくつかあげてみたが、絵里さんの場合そのどれにも当てはまらなかった。

しかし、確実な心当たりがあるという。

「名前を変えたんです、十八歳の時に。それまで私はいわゆるキラキラネームで、小学校の時なんかはそれが原因でいじめられたりもしました。このまま社会に出て行くのは不利だと判断して、大反対した両親に内緒で」

家庭裁判所から許可が降り、役場へ新しい名前と戸籍謄本を提出した帰り道。

絵里さんはこの時、初めて幽霊らしきものを目撃する。

そして帰宅後、どれだけ怒られても仕方ないという覚悟で改名した事実を打ち明けた両親の反応は、予想を大きく外れたものだった。

「そうか、それでお前の身に何も悪いことは起きていないのか？　それならいいんだ、今まで辛い思いをさせてきてすまなかった」

両親が何を言っているのか分からず、ただ怒られなかったことに安堵した。

しかし、それ以降、強烈な霊体験をするようになり、実際には生活に大きな支障をきたしている。

絵里さんはそんな突拍子もない話を両親には相談できず、悶々とした日々を過ごしていた。改名したことに少なからず両親に対して申し訳ないと思っている気持ちもあったから、なおさらだ。

それから数ヶ月経ったある夜のこと。酔っ払った父がこう言った。

「実はお前の元の名前は、お父さんたちが考えたんじゃないんだ。お祖母ちゃんの知り合いに有名な霊能力者の先生がいて、お前の名前の吉凶を判断してもらおうと連絡を取った。そうしたら、お前が前世で数えきれないほど人を殺しているので、その被害者の霊を鎮める効果がある名前を付けろと言われたんだよ。怖くなった俺たちは言われるがままに、提示された名前をいただいたんだ。妙な名前だったから、やっぱり嫌だったろうなあ。結局改名するのなら、あの時お父さんたちが考えた名前で押し通せばよかった。もうその先生は亡くなっているから、今更何も言われることもないだろうし——」

その事実を知った絵里さんは驚愕し、元の名前へ慌てて戻そうとしたが、期間を置かず、まっとうな理由のない二度目の改名は家庭裁判所に受け入れられず、いまだ叶っていない。

彼女の場合を参考に、どんな理由であれ親が付けた名前を変えるなら、その前に名付けた際の理由を必ず聞いておくべきだ。

特別寄稿
たっくー

島の祟りの真相

動画投稿者をしている僕がH島で起きたある事件を題材に扱ったところ、視聴者の一人からメッセージが届いた。それを皆さんにも最後に読んでもらおうと思う。

東京都H島で実際に起きた完全密室の未解決事件。

一九九四年八月　H島の火葬場。職員が朝出勤して火葬炉の扉を開けると、中には人骨がぎっしり詰まっていた。直ちに警察へ通報、警察は誰かが火葬炉を無断で使用したとして捜査を開始した。

事件当初に判明したことは、子どもを含めた七人分の人骨であること、窯で焼かれたのは三日以内なのに、この人骨は死後十年以上は経っているとのこと。

この事実から警察は「改葬」ではないのかと捜査を改める。

改葬——土葬文化により、地中に埋められた遺体を掘り起こし、改めて火葬し直すことである。この島も昔、改葬を行っていたことがあり、今になって誰かが勝手に改葬したのではないかと島の墓地をすべて調べたが、掘り起こされたような墓はひとつも無かった。更に、この火葬炉はすべてに鍵が掛かっており、完全密室の謎の人骨ミステリーになってしまった。

この事件で当然、島民は恐怖し、事件前にはこの火葬場から青白い炎を見たという情報も相次いだ。

子供の人骨もあったことから、どこかの家族が戻って来たんじゃないか？ と噂もされ、流石に警察も本腰を入れて事件を調べることになった。

まずこの遺体の身元の捜査だ。島の行方不明者・失踪者を探ったが、該当する者はいなかった。島の外から持ち込まれたんじゃないか？ と捜査範囲を広げることに。

しかし、その火葬炉の人骨は段ボールにしたら三箱分あり、そんな物を持ち込むなどまず不可能である。そもそも何かの事件の証拠隠滅の為なら骨を持って帰るはずで、複数人でそれを行ったとしても島なら目立つはずである。

大事なのは死後十年以上経過して改葬されたこと。これになんらかの意味が存在していたと思われたが、この密室で起きた人骨事件は、どんな仮説をつけても合理的な説明にならなかった。

ただこの事件、オカルト的観点から見た時に興味深いことが分かってくる。

まず七人という数字。島民の方がこれ見てたらピンと来る人もいるだろう。

一九五二年、H島の道路工事中に、とある崩落事故が起きる。これは実際に発生したと記録されている。

その時作業員が生き埋めになったのだが、その記録されている人数が……そう七人。

今回の事件と同じ人数だ。

その時、この島では「まだ七人坊主の呪いは続いていた」と語られた。

「七人坊主の呪い」とは。

昔に、このH島に七人の僧侶が流れついた。島民は島を犯しに来た忌々しい存在だと決めつけて、その僧侶たちを迫害する。その時、迫害された場所が現在のH島のM山、H山とも呼ばれていた。そこで僧侶七人は村人に対し、呪いをかけたと言われている。その呪いを鎮めようと村人は山頂に塚を建てたが、呪いは全く収まらなかったと言われている。その結果、今でもこのH山では七人坊主の悪口を言ってはいけないという言い伝えが残っている。

一九五二年に起きた崩落事故時点で、呪いはまだ存在していたと囁かれたのだ。そして一九九四年、七人分の人骨が発見された。やはりまた「七人坊主の呪い」だと言われたのである

結局この事件は、身元含め何の手がかりもなく未解決事件となり「やはり呪いだったのか？　それとも祟りだったのか？」と噂されることとなり幕を閉じる。

ここからは、この事件に対する僕の思ったことだ。

実際に起きた事件がオカルトなわけがないと思う。

幽霊の仕業とか、呪いの仕業とか、にわかに信じがたい。

僧侶が迫害を受けたとされるM山、実はもう一つ同じ名前の山がある。

知ってる人はピンと来たと思うが、それがこのH島と同じ東京都に属するO島である。

このO島にもM山という山があるのだ。こちらのM山の方が火山として有名ではあるが、火山以外にもう一つ有名なことがある……それが自殺スポットだ。

一九三三年に女学校の生徒が火口へ投身自殺したことをきっかけに、自殺の名所になり、この年だけで一二九人もの投身自殺があった。その後も定期的に自殺があり、青木ヶ原樹海と並ぶくらい自殺の名所としても有名になった。

一旦この事件の手がかりをまとめるとこうだ。

・十年以上前の人骨
・身元不明
・島での行方不明者、及び改葬によって掘り起こされたものではない
・七人坊主の呪い
・火葬場の密室

もし、子供を含む身元不明の大昔の人骨を、島の外からもって来ると考えたら――このO島M山の自殺体はどうだろうか？

更に当時は、まだ風習やしきたりが根強かったはずだ。

この七人坊主の呪いを収める、もしくは供養するために七人分の人骨を改葬したとしたら――その島に協力者が沢山居てもおかしくないはず。

ただ、これを仮説にしたら供養する目的が必要なはずだ。

一九九四年を詳しく調べてみたら、H島で完成まで十三年もかかった道路が開通した年だった。しかもこの道路は工事にとても苦労したという。山の岩石が風化して崩れやすい

状態だったからだ。

以前の道路は落石による通行止めが多発していた。そこで、山肌から少し海側に離した位置に橋を架けて新しく作ったのがこの道路。

あの一九五二年に起こった崩落事故……あれもH島の道路工事中だったという。

今では真相は闇の中だが、もしかしたら祟りを信じるものにより行われた、何かの儀式だったのかもと思ってしまう。

広島、山口、四国、そして最近では渋谷にまで噂のある「七人ミサキ」とも類似している「七人坊主の呪い」。

七人一組――その七人に遭遇すると一人が成仏する。そして遭遇した人が加わり、また七人になると言われている。見たら死に、自分も障りの一人となる。

そんな厄介な障りなら、一刻も早くその呪いを解きたいと思う人もいるだろう……。

最後に、H島出身の視聴者からいただいた内容を皆さんにお伝えしておく。

「たっくーさん、こんにちは。僕はH島出身で、あの動画のことを祖父に聞いてみたんです……」

そのメッセージは、こんな文章で始まっていた。そして文章は続く。

「あの事件はH島でも相当闇が深いようです。祖父は、その事件のことは二度と口にするなと言っていました」

七人の人骨未解決事件――その真相を知る者もいるということだろうか。

観光地としても人気が高いH島には当然、島民以外にも入島する人は多い。言い伝えられる「七人坊主の呪い」もある意味、入島する人間全員に対する障りではないだろうか。

もし読者の中で詳しい情報を知っている方がいたら、ぜひ僕へ連絡して欲しい。

チューチューさん

夏の真っ盛り。幸弘は滴る汗を何度も拭いながら、野外イベント会場設営の仕事に勤しんでいた。首にかけているタオルは汗を吸い過ぎて重さを増し、更に体力を奪う。

募集要項を見る限り割のいい日雇いバイトだったので、わざわざ愛知県から岐阜県へ赴いたが、まさか野外での活動になるとは思ってもいなかった。

そこにイベント会場設営としか書いていなかったのは間違いなく、主催者側も嘘を吐いたわけではない。今日一日を共にする同じ境遇の仲間たちも、口々に愚痴をこぼしながら働いている状況だ。割高に思えた日給一万八千円というのも、この内容だと妥当というより不足しているようにすら感じる。

今後は、絶対に設営スタッフという文言がある仕事は受けない。

そう心に誓って気合を入れ直し、ようやく折り返しである昼休憩を迎えた。

スタッフから弁当とお茶が支給されたが、あまりにも喉が渇いていて直ぐに飲み干してしまった。小さなペットボトルだったので量も少なく、持ってきていた水筒もとっくに空だったので、弁当を食べ終えたあと飲み物を買いに外へ出た。

駅からバスで来た時に思ったが、辺りは田んぼや林ばかりだ。窓の外にもコンビニやスーパーの類はまったく見当たらなかった。

バスが通らなかった裏道を探索してみても、なんと自販機の一つすら見当たらない。

いくらウォーキングイベントの炊き出し会場になる場所とはいえ、あまりにも田舎過ぎるだろう。昭和にでもタイムスリップしたのかと思うくらい、文明のにおいを一切感じない。

誰かに聞いてみたくても、人間が一人たりとも歩いていないのだ。

しまった、こんなことなら誰かに聞いてから出るべきだった。あの時コンビニはまだしも、まさか自販機や人間すら見つけられないとは思っていなかったし、今から戻っても休憩時間内にまた再出発して戻るのは難しい。

最後の手段としてスマホで一番近いコンビニを検索してみたが、結果は徒歩で二十七分。駄目だ、こうなったら恥を忍んで余りのお茶がないか聞いてみるしかないか。

とりあえず会場へ戻ろうと踵《きびす》を返すと、ようやく遠くに人影を発見した。

距離にして百メートル程度。

頭に頭巾を巻いた老人だ。少し内側に曲がった腰を揺らしながら、こちらへ向かって歩いてきている。

よかった、人が居た。あの格好は農作業でもしているのだろうか。しかも都合の良い事に老人は口にストローのようなものを咥えていて、その先は顔まで上げた右手元に伸びている。

ほぼ間違いなく、紙パックなどの飲み物を口にしている。そうであればこの猛暑の中、飲料は保存がききにくいはずなので、イコール近くに自動販売機がある可能性が高い。

幸弘は期待を膨らませながら、老人の方へ駆け足で近寄っていく。

が、その足はある地点でぴたりと止まってしまう。距離が縮まり、ちょうど老人の手元が見えた時だ。

直ぐには理解が追い付かず、その場にしばらく立ち尽くしてしまう。

しかし理解が追い付いた時、全力で逃げるべきだと判断した。

だがあまりにもおぞましいその光景から、まるで魅入られたように目を離すことが出来ない。

じりじりと後ずさりするのが精一杯だが、当然更に距離は縮まっていく。

近くで見ると、全く血の気を含まないその顔色。腰は曲がっているのではなく、有り得ない方向にうねっている。

持っていた物は、飲み物ではなかった。

それはピクリとも動かないネズミ。どれだけ力を入れたらああなるのか分からないほど、その身体はべたりと潰されている。手の隙間からは、ネズミの血や内臓がぽたぽたと溢れ出していた。

咥えていたのは、ストローではなかった。

異様に長く尖って変形した口先は、手に持ったネズミの死骸に突き刺さり、ちゅうちゅうと音を立てて何かを吸い上げている。

「ば、化物！」

幸弘の言葉に反応したかのように、老人は持っていたものをぽとりと地面に落とす。

それはつい先ほどと違い、もはや一目でネズミとは判別出来ないほど萎んでいた。

不気味な口先はゆっくりと幸弘の方を向き、焦点の定まっていない目はこちらを捉えているより数倍恐ろしい。

ここでようやく、なんとか走り出すことができた。自分の足なのに、まるで取り付けたばかりの義足のようにぎこちなく、地面を上手く蹴ることができない。その状態でどう走ったかも覚えていない。

とにかくその化物に接触されないよう、全速力で駆け抜けた。

唯一覚えているのは、真横を通り過ぎた時にもう一度聞こえた「ちゅうちゅう」という不気味な鳴き声のようなものだけだ。

どうにか辿り着いた設営会場で化物に襲われかけたことを話し、その容姿を説明した。自分と同じように他地域から日雇いで出てきている人々は馬鹿にしたように笑ったが、地元スタッフの一人は真剣な表情でそれを聞いていた。

そのスタッフは二人で話をしようと裏へ案内してくれて「とても喉が渇いているんだろう？　先に飲んでおいたほうが良い」と缶ジュースを渡してくれた。

恐怖で喉が渇いていたことなどすっかり忘れていたが、ありがたく受け取る。それをがぶがぶ飲んでいる間に、この地方に伝わる怪異の話を聞いた。

チューチューさんと呼ばれるそれは、喉が渇いた状態で歩いている、いや、水分が少なく吸いやすい人間の元へ姿を現すのだと。

そのスタッフも脱水症状や熱中症を予防するための寓話だと思っていたらしいが、幸弘は岐阜県のある田舎でたしかに、間違いなくそれを目撃したという。

ねじれ犬

トシフミさんの祖母は、昔から動物が嫌いだった。

反対に祖父は大の動物好きで、一緒に暮らす祖母の反対を押し切り、一人ですべて世話をするという条件で犬を飼っていた。

祖父はタロウと名付けた白黒模様のハスキー犬をとても可愛がっていた。祖父母が暮らす家は小学校の帰りに寄ることができる場所にあったので、トシフミさんも放課後に寄ってよくタロウと遊んだ記憶がある。

そんな祖父が、祖母より先に亡くなった。

残されたタロウの世話をするため、トシフミさんは祖母が住む家へ通い詰めた。

幼いながらも気付いていたからだ。

自分が来られなかった日の翌日は、タロウの餌を食べる勢いが増し、散歩からなかなか帰ろうとしない。祖母が世話を放棄し、間接的にタロウを殺そうとしていることに。

そのような生活が続いたある夏の日、二人で夕食を摂っていると祖母がふいに呟いた。

「もし犬が居なくなっても、家には遊びに来てくれるのかい？」

祖母が冷たいのは動物に対してだけで、家族、特に自分に対してはとても優しかったという。それでも、この時ばかりは祖母が発した言葉に恐怖した。

「もちろんだよ」

そんな縁起でもないことを言わないで、もしかして直接タロウを殺すつもりなの？

言いたいことはそれだったが、幼いトシフミさんがこの状況でそんなことを口にできるはずがなかった。

祖母の発言で強く不安に駆られたトシフミさんは、タロウが心配でその日、祖母の家に泊まっていくことにしたそうだ。


夜に夢を見た。

祖母が血に塗《まみ》れたタロウの首だけを持って、にこりと笑っている夢。

うなされて目を覚ましたのは深夜。

隣を見ると、そこで寝ていたはずの祖母の姿が無い。

直ぐに家中の電気を点けて探し回った。

この時からとても嫌な予感がしていたそうだ。ついさっきまで見ていた地獄のような光景が、たしかに焼き付いていたから。

しかし、家中のどこを探しても祖母は見つからない。

いよいよ探していないのは、タロウが居る庭先だけだ。よっぽどの理由がない限り、こんな夜中に庭でなにか作業をしているとは考えづらい。

それなら祖母は、どこかへ外出しているのだろうか。

心配と不安で途方に暮れていると、

「こらトシフミ、なにをしとる。子供はしっかり寝ないといかんよ」

祖母の声がして、びくっと肩が上がる。

裏口の窓が開き、突然祖母が現れたのだ。

蒸し暑い夜なのに、祖母は両手にゴム手袋、足には長靴を履いている。そして、ぐっしょりと汗ばんだ祖母が持っているのは、小さく膨らんだ黒いビニール袋。腰にはチャリチャリと音を立てながらぶら下がった車の鍵。

庭作業をしていたと言われれば納得出来るが、前述の通りそうは思えない理由がいくつもある。

「タロウ！」

祖母の問いに答えるより先に、思わず叫んでいた。

タロウの安否が心配で。口で息をする祖母が、トシフミさんには映画の殺人鬼のように見えた。

するとトシフミさんの声に応えるように、庭先から「バウ！」と威勢の良い返事が聞こえてきた。

タロウの声だ、間違いない。

それにひどく安心し、堪えていた涙がついに溢れだした。反対になぜか、庭に背を向けたままの祖母は青ざめて、凍りついたように動かない。強張った表情に、汗が滝のように流れ続ける。

おそるおそる様子を窺いながらその横を潜り、庭へ移動しようとする間も、祖母は一切動かなかった。

庭へ出ると、少し先には小さな影。それがタロウだと認識した瞬間、トシフミさんは信じられない異変に気付き吃驚する。

タロウの方はトシフミさんに気付くと、直ぐにこちらへ駆け寄って来ていた。

走るどころか、歩けるはずがない状態だというのに。

タロウの頭は二つあった。元の頭の顎の部分に、もう一つの頭がさかさまについている。

そして、胴はまるで絞った雑巾のようにねじれており、後脚部分は完全に天を仰いでいる格好だ。当然、本来の犬の関節可動域を遥かに超えていて、血に染まった体毛の随所に、剥《む》き出しになった骨や内臓が覗く。

しかしそれでもタロウは、痛覚など存在していないかのような勢いで、下半身をずるずると引き摺りながらこちらへ向かってくる。

近付く音に反応して、ようやく祖母がねじれたタロウの方を向いた。

その瞬間。

タロウの首はぐるりと回り、下に付いていた頭で祖母の喉元に思いきり噛み付いた。

低く唸り声を上げるタロウと、喉を締め上げられ声も出せない祖母。

ばたばたと力無くもがく祖母の苦悶の表情は、今も記憶に強く残っている。

目の前で起きている現実を受け入れられず、呆然と立ち尽くすしかないトシフミさん。

祖母がついにだらん、と身体を伸ばしたまま動かなくなると、タロウはようやく口を離し、ゆっくりとこちらへ向き直った。

再度、ぐるりと首を回すタロウ。今度はさっき返事をしてくれた時の頭に戻る。

最後にまた「バウ！」と吠えていつもの優しい表情を見せると、その姿は露のように消えてしまった。

それを合図に、トシフミさんは布団の上で目を覚ます。

隣で寝ている祖母を見ると、小さく呻き声を上げながら苦しそうな表情を浮かべている。どれだけ声をかけても揺すっても、祖母からの反応はない。

家に泣きながら電話をかけると父親が飛んできた。

そこからのトシフミさんの記憶はあいまいだ。救急車がきて、母親とともに家に戻ったが怖くて興奮して、朝まで眠れずにいたのを覚えている。

祖母は脳梗塞を起こしていたが、幸いにも一命を取りとめた。後日、意識を取り戻した祖母を見舞いに行った際、首元をそっと見てみたが噛まれた痕などはなかった。

祖母は、三年後に亡くなるまで失語症を患った。

そして、タロウはあの夜以来、いなくなってしまった。両親に訊いてもわからないという。

マンデラ効果

マンデラ効果とは、実際に起きた事柄と大きく異なる記憶や、存在しない記憶を大勢の人間が何故か共有している事象を指す。発祥となったインターネット界隈ではそれなりに知名度もある言葉で、聞いたことがある人も多いだろう。

南アフリカの指導者ネルソン・マンデラが八十年代に獄中死したという偽りの記憶から始まり、有名キャラクターの体色や服装に関する記憶違い、フォルクスワーゲン社のロゴにあるVとWが繋がっていた気がするなど、そのバリエーションは広範囲に渡る。

ファンタに元々ゴールデンアップル味が有ったか無かったか、という論争に関しては明らかなマンデラ効果であるとされているが、未だに過去にも絶対に存在したと主張する者は多い。ここで紹介したいくつかの事例の中だけでも、もしかすると読者の中には身に覚えのある人が居るのではないか？

さて、なぜ突然こんな話を始めたのか。一つ、これに関する興味深い話を聞いたからだ。

早紀さんの実家がある青森県の村外れには、昔一人の老婆が居た。占いや霊媒の類を生業にしており、村で何かが起きた時は皆が相談に訪れた。

早紀さんも母親が厄年を迎えた際、両親に連れられて会いに行ったが、まだ幼かった時分にまったく意味の分からない質問をされたことを覚えている。

今でも仲が良い友人に当時その話を伝えると、自分も同じ質問をされて辟易したと言っていた。以降、早紀さんたちが老婆の元を訪れることはなかった。

だが数年して、その老婆が亡くなったという噂を聞いたあと、驚くべき事態が起きる。

村に住むほとんどの人間が、「そんな老婆は存在していない」と言うのだ。

早紀さんは驚くと同時に、到底その言葉を理解出来なかった。

友人に確認してみても、自分や友人の記憶には間違いなく存在している老婆。また、自分たち二人だけでなく、他に村の一割ほどが彼女の存在を確かだったと主張していた。

当たり前だろう、老婆は昔から村の相談役だと教えられてきたのだから。

しかし、他の大多数、さらには一緒に老婆の元へ行ったはずの両親すらも「揃ってなにを変なこと言ってるの。連れて行ったことなんてないし、そんなお婆さん、誰も知らないわよ」と言う。

そのあと同じ記憶を持つ人たちでどれだけ老婆について調べても、まったく情報が見つからない。村ぐるみで事実を隠蔽しようとしている可能性も考えたが、あれだけ年齢を重ねた人間が生きた痕跡を一切残さないことなど不可能だ。

それでも、早紀さんたちはたしかにあの日、それぞれ老婆に会って相談をした。

そして記憶を持つ者全員が、どういうわけか投げかけられた質問内容をはっきりと鮮明に覚えている。当時は意味も分からず聞いていたが、老婆の存在自体を否定された今思い返すと、背筋が凍る思いだという。

霊媒師は言った。

「今から挙げる言葉のどれかに少しでも心当たりがあるのなら、もう手遅れだ」と。

【家守の嫁入り】

【腹減り地蔵】

【梔子鏡】

【さかさ座布団】

【黄泉峠】

【かしわ手傘】

幸いにも、早紀さんと友人には言葉のどれにも心当たりがなかった。

心当たりがあると答えた記憶を持つ三人は、老婆が亡くなったという噂が出回ったあとに大病を患い、既にこの世を去っているという。

畳の下には

僕の友人の谷口君が害虫駆除会社で働いていた時の話だ。

谷口君は愛知県の某大手害虫駆除会社で働いていた。ある日、誰も住んでいない離れの害虫駆除をして欲しいという依頼が来た。スケジュールを決めて現場へ行くと、同じ敷地内に新しい家と古い日本家屋が建っている。

依頼者のOさんいわく、息子が離れを使っていたが東京へ進学が決まり、もう誰も使わなくなった。そのまま古民家として売り出すことにしたので、その前に綺麗にするということだった。

確かに築年数の経っている日本家屋で、一階には四部屋、二階には二部屋というかなり立派なものだ。

谷口君は薬剤散布前の確認として、空っぽの家の中を各部屋ずつ見て回っていた。

一階の部屋を回り、一番奥にある部屋の襖を開けた。

「あれ？　何ここ」

思わず声が出た。

十畳ほどの部屋なのだが他の部屋と違い、ここだけなんだか薄暗く澱んだ空気である。

「湿気ているというのではなさそうなんだけど、空気が重いというか――」

敷かれた絨毯をめくってみた。絨毯類は処分すると聞いていたからだ。

するとその部屋の隅の畳が、真っ黒に変色してしまっている。腐っているというわけではないのだが、様子がかなりおかしい。

畳を上げてみることにした。すると床板も真っ黒に色が変わっている。

Oさんを呼んだ。

「これ、何か色のつくものをこぼしたとかありますか?」

「いや、なんでしょうね。実はそこは畳を換えても色が変わってしまうのでカーペットを敷いているんです」

「え、そうなんですか。そしたら床下見てみましょうか」

新しい家の床下というのはおおよそ四十五センチだが、古民家に多いのが床下七十センチほどで、床下の点検はしやすい。

どのみち床下はすべて確認しなくてはならないので、入れる扉のカギを開けてもらって下へと降りた。

七十センチもあれば中腰で歩き回れる。懐中電灯で周囲を照らしながら、畳が黒く変色してしまう部屋の下あたりまで移動する。

「え、なに？　これは？」

懐中電灯の光の中に浮かんだのは、禍々しい赤い色をした祠《ほこら》で、その足元は祠の扉の下あたりまで土に埋まっている。恐る恐る近づいて見てみる。

扉は閉まっているが、その場所を中心に、小動物のガサガサに乾いた死骸や虫の死骸が囲むようにある。まるでこの場所に、ネズミや虫が集まって死んでいるかのようだ。

実際、この場所以外の床下には何の死骸もないのである。

祠の扉を開けてみた方がいいのかな、と谷口君はふと思ったのだが、やはり気持ちが悪いので触るのはやめた。

外に出てからOさんにそのことを伝えたが「祖父が建てた家なので何もわからないし、売ってしまうから何もしなくていいですよ」と言われた。

その後、薬剤散布の作業を終え、床下のそれら死骸を片付けて仕事を終えた。

それから二年後のこと。またOさんから害虫駆除の依頼があり、谷口君が行くことになった。

「お久しぶりですね」などとOさんに挨拶をして、あの日本家屋に向かう。

古民家として販売した家は空き屋のままだった。正確には売れないので賃貸で人を入れたのだが、一年経たずに出てしまったというのである。

見せてもらった家の中は以前のままだが、あの畳が変色するという部屋は洋室にリフォームされていた。

その後、前回も入った床下への扉の鍵を開けてもらい、谷口君は中に入った。

ここ、変な祠があったよな。そう思いながら懐中電灯で移動しながら要所要所に薬剤を散布する。そして奥へ進んで行くと、やはり祠があった。

禍々しい赤い色をした祠の足元は土に埋まっている。

相変わらずこの祠の周りで小動物や虫が死んでいる。

そして祠の前に来てハッとした。

前回と違う。祠の扉が開いており、躊躇《ためら》いながらも中を覗いてしまった。

そこには三十センチほどの細長い岩があった。

いや、ただの岩の様に見えるが、お地蔵さまだったのかもしれない。その岩のサイズに合わせて祠が作られていたのかもしれない。

谷口君は急に寒気がしたので、急いで散布を終えると外に出た。

そしてOさんに遠慮なしに「あれはなんなんですか？」と聞いた。

「あまり他所には話さないでください」

と前置きし、Oさんは話してくれた。

「この家、なかなか買い手がつかなくてね」

結局、賃貸にして、ようやく人が住み始めた。そんな数ヶ月経った頃、住人がOさんに妙なことを言ってきた。

「生魚や生肉がすぐに腐ってしまうんですけど――」

冷蔵庫に入れていても、あっという間に傷んでしまう。

他にも、生花や観葉植物まで、置いたらすぐに萎れて枯れてしまう。

「この家、なんか変じゃないですか？」

そう言われて、Oさんは心当たりがあった。


前回、谷口君が祠のことを言った時、Oさんは本当に何も知らなかったという。

「その後に、家も売れないし、その祠が何なのかちょっと調べてみたんですよ」

郷土誌や自宅に残されていた祖父の書き物などから、Oさんの先祖はどうやらこの土地で「鎖〇〇羅」という何かの管理を代々まかされていたそうである。

わかったのはそれだけだが、Oさんも一度見てみようと床下に入り、祠の扉を開けたとたん怖くなってしまい、そのまま飛び出してきてしまった。

「どうも本来、あの祠は鎖か注連縄で封印されていなければいけないみたいなんですよね。しかも、いまや扉は開けっ放しになっちゃってるし——だいぶマズいんじゃないかなと」

Oさんは力無く笑っていた。

「この家、安くしても買い手がつかないかもしれませんね……」

最後に、住んでいた息子さんは大丈夫だったのかと聞いたが、どうやら彼もその部屋はまったく使ってなかったそうだ。

田舎の安い古民家。安い理由は単に古いだけではないかもしれない。

その家、その土地の歴史も調べた方が良さそうだ。

みています

　同じ地域で複数人に取材をしていると、別の人物がそれぞれ同じ怪異であろうモノを目撃したり遭遇したり——といった話を聞く事は珍しくない。心霊スポットや地縛霊という言葉もあるように、場所を限定することにより強い力を発揮する怪異は多いからだ。

　しかし、本書を執筆するにあたって取材を敢行した内の三件。

　これについては全くのイレギュラーだった。

　住んでいる地域が全く異なる人々から、同じ怪異らしい話を耳にしたのだ。私が取材をした方達の中だけでも、三件。世の中全体には、さらに多くの目撃者や遭遇者がいると容易に推測出来る。

　私はこの怪異に、大きな危険性を感じた。

　昔から見境なく出現する怪異は、多くがその名を残すからだ。

愛知県在住　運送業　前田さん（男性・三十六歳）

夜間にトラックで積荷を運搬する事が主な職務の前田さんは、愛知県から東京都へ向かっていた。会社から厳しく指導されていることもあり、高速道路の左車線を安全運転で走行する。

助手席に年配のベテランドライバーが乗っていたが、彼は寡黙な職人気質の人物で、車内を満たすのはもっぱらラジオ番組のパーソナリティを務めるお笑い芸人の声だ。

浜松に差し掛かった頃、そろそろ食事休憩を促そうか迷っていると、前田さんの視界に一台のトラックが映り込む。

青色のシンプルな車体に、荷台を覆うブルーシート。企業ロゴを背負っていないトラックは、自分の好みに合わせて改造されている事が多いが、全く飾り気がないそれは逆に目を引いた。

シートで覆っている荷物の位置はかなり低く、この時間に走っているトラックにしては積んでいる荷物が少ないとも感じたそうだ。また、制限速度以下で左車線を走行している自分達が追い付いたということは、かなりのスローペースということになる。

ぼんやりと眺めながらハンドルを握っていると、青いトラックとの距離は徐々に縮まっていった。追い越し車線側へウインカーを出そうとした手前で、前田さんは更にあることに気が付く。

「あのステッカー、なんですかね？」

思わず、声に出していた。

トラックの後方、質素な車体。他に一切飾り気のないその荷台に、唯一小さく黄色いステッカーが貼られている。こちらのトラックのライトに照らされて、ようやく気付いたくらいの大きさだ。

黄色い背景には、縦に並ぶ三つの眼。気になったのはそこに重なる文字だ。

「みています」

文字は子供が書いたらくがきのように歪《いびつ》で、前田さんにはそれがとても不気味に映った。

「馬鹿野郎！　ボーっとしてんじゃねぇ、ぶつかるぞ！」

「え？」

突然、怒声が響いたのと同時に、助手席から無理矢理ハンドルを奪われた。次いでブレーキを踏まれたと思った瞬間、けたたましいクラクションが周囲から槍のように降り注ぐ。

そのあと左方向から強い衝撃を受け、車体が削られる音を聞いても、本当に何が起きたのか分からなかった。

ガードレールに接触してなんとか停止した車内から正面を見ると、その目と鼻の先には二台の事故車が停まっている。ハザードランプを焚いた車体はどちらも破損しており、脇に立つそれぞれの運転手と思しき若い男女が、こちらを向いて目を見開いていた。

その光景に、前田さんは慄《おのの》いた。

もし同僚が助手席からハンドルとブレーキを操作してくれていなかったら、今頃はこの事故現場にそのまま突っ込んでいるところだった——。

警察が到着し、前方不注意による自損事故として処理されたところで、前田さんはようやく少し落ち着きを取り戻した。その際、前田さんの頭にはある疑問が浮かぶ。

——そういえば、さっきの青いトラックは？　ずっと目の前を走っていたはずなのに、いったいどこへいったんだ？

そもそも、目の前にこんな事故現場は存在していなかったはずだ。前田さんの目はずっと、間違いなく前を走る青いトラックを追っていたのだから。

貼られたステッカーを眺めていたら突然そのトラックが消えて、事故現場が現れたんだと同僚に訴えた。

同僚は「分かった、でも今はとにかく黙っておけ。仮にそれを話して精神的な面を疑われたりしたら、今後食い扶持《ぶち》に困っちまうぞ」と言った。

前田さんもそれを聞いてだんだんと自分でもその記憶が本当に正しいのか分からなくなってきたので、口を噤んだ。ただ、たしかにおかしくなったのはあのステッカーを目にした直後だった。


それから約一か月後。

しばらくの間慣れないデスクワークをさせられていたが、いよいよ明日からまた荷物の運搬を再開することになった。喫煙室で貧乏ゆすりをしながら煙草を吸っていると、あの事故の時に助けてくれた年配の同僚が声をかけてくれた。

「あまり気にし過ぎるなよ」

「はい、すみません。絶対に同じことを起こさないよう気を付けます」

「あぁ、それがいい。今後は直感的に不気味だと感じたものには、一切の興味を示すな」

「え？　あの話、信じてくれていたんですか⁉」

「これだけ長くトラックを転がしていると、お前の話を信用出来るくらいにはそういう話を見聞きする。去年大きな事故を起こして退職した竹内ってのが居ただろう？　あいつも警察や相手方、会社や同僚に黄色いステッカーを付けた車がどうの、と最後まで触れ回っていたらしい。自分で体験したことはないが、世の中にそういうことがあってもおかしくないとは思っているよ」

東京都在住　高校生　まゆかさん（女性・当時十六歳）

雨がガラスや車体を打ち付ける音を聞きながら、まゆかさんは助手席でスマホを弄っていた。隣で運転しているのは、大手で重役を務める銀行員の男。

オールバックに纏めたその頭には半分ほど白髪が混じり、目じりや口元には皺が目立つ。齢五十を超えているように見えるが、本人曰く四十二歳ということらしい。

らしい、とまゆかさんが答えたのは、当時から今まで本当の年齢を知らないからだそうだ。それどころか、本当の名前も分からない。

そんな男と雨の日の平日、二人でドライブをしている。男とは親子でも親戚でもない。

血縁関係もなければ、知り合ったのすら二週間前で、会うのは今日が二度目だ。

男も用心しているのだろう。年齢を始め詐称している面は多々見え隠れしたが、それを探る意味もなかったし、自分と過ごした時間に対して相応の金額を払ってくれるのなら、他は本当にどうでもよかった。

集合した駅から二十分ほどで到着したのは、個室完備の和食屋。駐車場へ車を停め、店内へ入るとすぐに案内された。そして事前に男が伝えていたのだろう、注文を通すことなく次々と料理が運ばれてくる。

あとはデザートを残すのみとなったところで、まゆかさんは鞄から包装されたクッキーを取り出し、男に手渡す。

「少し早いけど、お誕生日おめでとう。良かったら、これからもまゆかと仲良くしてね」

おそらく家庭があるだろうと推測出来る相手には、手作りのお菓子が喜ばれるらしい。形に残らず、相手の意志で食べるか捨てるかの選択が出来るからという理由は、たしかに理に適っているような気もする。

男も例に漏れず、プレゼントの内容はもちろん、一度会っただけのまゆかさんが誕生日を覚えていたことをとても喜んだ。その男は自分の誕生日をアプリやSNSのプロフィール欄にも書いてあるし、車のナンバープレートを誕生日の番号にしてあるのだから、さすがに覚えていない方が不自然なのではと思ったそうだ。

食事を終えてしばらく談笑したあとは、男に駅まで送ってもらい、車を降りる際に電車賃と称して三万円入りの封筒を渡された。

厚くお礼を言い、次回の約束をとりつけて別れる。前回とほとんど同じ流れだ。

帰宅ラッシュの時間と重なり満員の電車内では、スマホを弄る気にすらなれなかったので、降りた後、家まで歩いている途中で男にお礼のメッセージを打つ。

人通りの途絶えた夜の雨の道である。左手に傘、右手にスマホという格好だ。昼頃に母親から連絡が入っていたが面倒で、そっちには既読を付けることすらしなかった。

スマホをスリープ状態にすると同時に、突然、正面から規則的で耳障りな音が響いてきた。高音で喧《やかま》しい。

嫌悪感を露わにした顔で前を睨むと、そこには黒い車が路上駐車されていた。

音の出どころはここだ。盗難防止用のブザーが鳴り続けている。

車の周囲に人は見当たらない。中に人がいるなら降りて来るだろうから、完全に誤作動だろう。

そう思いながら、車に近づく。ここを通らなければ家に帰れないのだから仕方ない。

三メートルほどの距離まできて、まゆかさんは思わず叫び声をあげそうになった。

それは、さっきまで自分が乗っていた車に間違いなかった。

男の車と同じ色と同じ車種、決定的なのは、ナンバープレートの数字が男の誕生日だったからだ。

だが、物理的に有り得ない。自分を追ってきたにしても、車が電車より速くここに到着できるのか？　うすら寒く感じながら、車から目を離せないでいると、まゆかさんはあるものに気が付く。

　トランクの右端辺り。そこに、黄色いステッカーが貼ってある。

　和食屋に入る時、雨を拭うため男がトランクからタオルを取り出したので覚えている。

たしかにさっきまで、あんなものはなかった。

　縦に並ぶ三つの目に、重なった歪なひらがな文字。

「みています」

　そのステッカーがあまりにも不気味に感じて、目を逸らそうとした瞬間。

バコンと音を立ててトランクがひとりでに開く。

　中から蓋を持ち上げるようにして現れたのは、さきほど別れたはずの男だった。

それがごそごそと蓋を動かし、中から外へ這い出そうとしている。

「きゃあああああ！」

　そこでついに、叫び声が漏れた。

　現れた男の顔には縦に三つの目が並んでおり、鼻や口などがなかったのだ。

　まゆかさんは持っていた傘もカバンを放り出し、ずぶ濡れになりながら全速力で車の脇を抜けた。足がもつれ何度か転んだが、振り向くことだけは絶対にしない。

　家に着くまでずっと、真後ろに男が立っているような感覚に襲われ続けていたから。

まゆかさんは今もその道を通るのが恐ろしく、どの時間帯であろうと避けている。

あの時、スマホはもちろん、鞄ごと、もらった封筒もすべて失ってしまった。

しかし、それだけで済んで本当に良かったと話す。以来、まゆかさんはそういった類の活動を一切止めた。

あの「みています」には、そう言った意味があったのではないかと語る。

一度友達が入れていた同じアプリで男を検索してみたが、男の情報はプロフィールごと消えていたらしい。

ちなみにその四桁の数字を見ると、今も血の気が引くという。

広島県在住　主婦　辻村さん（女性・五十三歳）／園児　滉太くん（男性・四歳）

保育園から孫の滉太くんを引き取り、手を繋いで歩道を歩く。

娘夫婦が共働きなので、仕事の時間が重なる金曜日は決まって辻村さんがお迎えに行っていた。

「ばぁば！　救急車！　救急車！」

辻村さんが音を拾う前に、滉太くんが袖を引っ張りながら声を張る。しばらくして辻村さんの耳にも、少し遅れてサイレンの音が響く。

「長い！　長いよ！　ほら、見て！」

「え？　長い？」

救急車に種類なんてあっただろうか？

たしかに、車体が長ければたくさんの人を一度に搬送出来るだろうけれど、大きいと小回りがきかなくて現場に遅れたりしそうだし、そもそも大人数の救助が必要なら、複数台を用意すればいいのではないか。

色々と疑問が浮かんだが、百聞は一見に如かず。滉太君が指さす方向を見てみると、辻村さんは仰天したという。

「本当に長かったんです、それも信じられないくらい。大袈裟じゃなく、十メートルはありましたね。横を通り過ぎるのに数十秒ほどかかっていましたから」

更に掘り下げて聞いてみると、それにはもう一つ、従来の救急車と決定的に違う箇所があったらしい。

「黄色いステッカーがそこかしこに貼ってあったんです。救急車にステッカーって、あまり聞かないですよね？　動いていたのでよく見えませんでしたが、なんというかこう、目玉みたいな模様と歪な文字が書いてありました。そのあと角を曲がったところで音が止まったので、滉太と見に行ったんです。そうしたら、交差点で五台を巻き込む玉突き事故が起きていて。滉太に現場を見せたくなかったので直ぐに離れましたが、一人が死んでしまったらしく、新聞にも載りました。ただ、さっき横を通ったはずの救急車が消えていたんです。しばらくしたら別の救急車が何台か現れたけど、おかしいですよね？　あの大きさで事故現場の横を通れるなんて思えない」

私はこれに対して、すぐに返答が出来ずにいた。

すると、辻村さんがしばらくおいて口を開く。

「あぁ、ごめんなさい。私にとっては結構、怪談じみた出来事だったんだけど、よく考えたら妙な救急車が現れて消えただけって、あんまり怖い話じゃなかったですかね？」

いや、違う。私が言葉を発せなかった理由は、辻村さんが懸念してくれているようなことではない。今回、辻村さんを取材させていただく以前に、まったく違う場所で、既に二件ほど同じ怪異であろう話を聞いていたからだ。

同じものだと思われる黄色いステッカーが関係する三つの体験談は、体験する人物も、場所も、起こる現象も全て異なるものだった。

ちなみに性別、年齢、職業、果ては血液型、干支、星座まで、四人には本当に一切の関連性が見つからなかった。

ゆえにこの怪異については、次の標的が誰であり何が起ころうとも。

なんら不思議はない。

三度目

蒸し暑い夏の深夜、石原さんはあまりの寝苦しさに目を覚ました。

枕元に置いてあるスマホで時刻を確認すると、午前二時を過ぎたところだった。望まない起床に苛々した気分を落ち着かせるため、身体を起こして冷蔵庫へと向かう。

そこで、飲み物を切らしている事に気付いた。

水道水を飲んでまた布団に入ってしまおうかとも考えたが、中途半端に覚醒した状態でもう一度眠るには時間がかかりそうだ。どうせなら気分転換にドライブがてら、コンビニに紅茶でも買いに行こうと考えた石原さんは、寝間着を上だけ着替えて一人暮らしのアパートから外へ出た。

玄関の施錠をしっかりと確認し、駐車場へ移動する。車に乗り込もうとキーに手を掛けた瞬間、急に不安になった。

(私、鍵を掛けたっけ?)

不安なままでは出かけられないので、石原さんは部屋の前へと引き返す。

ドアノブに手を掛け、それを右へ捻る。

「ガチャリ」

確かに金属が扉に閊える音が聞こえ、施錠されていることが確認出来た。

再び駐車場へ向かう。そして今度は、車の座席に座った時だ。

また、不安になった。

戻ったのなら、一度鍵を開けるべきだったかもしれない。もしかしたらあの時引っかかったのは歪みなどが原因で、もう少し強い力で引いていたら扉が開いていた可能性もある。

そんな考えがよぎると、もう確認せずにはいられなくなった。

石原さんは車を降りると、再び玄関へ戻る。

「ガチャリ」

今回は一度鍵を開けて、それから施錠をし直した。

今度こそ絶対に大丈夫だ。確認した感触を忘れる前に駐車場へ戻り、シートベルトを締めた。次いで、エンジンを掛けようとする。

そこでまた、自分の記憶が信用出来なくなった。

一体なぜ、ここまで不安になるのだろう。

なんにせよ仕方ない。こうなれば、また確かめるしか安心する方法がないのだから。
そんな自分に辟易しながら、アパートへと足を進める。
「ガチャリ」
当たり前だけれど、鍵は掛かっている。もうさすがに戻りたくはない。
今回は入念に、四回、五回と何度もノブを回してみる。ガチャガチャ、ドンという音が
アパートの廊下に小さくこだまし続けた。
さぁ、いい加減に出発しよう。このままでは本当に寝る時間がなくなってしまう。
そう思って、玄関に背を向けた時だった。
サー、というノイズのような音が聞こえ、思わず自室の方向を振り返った。
音はその間も聞こえ続けている。耳をそばだてると、音の出どころはインターホンから
だと分かった。
受話器が外れて落ちているのだろうか。一体、いつから?
部屋へ入ろうと鍵を挿すと、ザザザッと大きなノイズが響く。
まるで、誰かが受話器に顔を擦《こす》ったような音だ。
不気味さを感じ、ノブを捻るのを少し躊躇した瞬間。
「しつこい」

誰も居ないはずの自室インターホンから、たしかに男の声がした。

石原さんは腰を抜かして地面に尻を突き、大きな叫び声を上げてしまう。

そのまま無我夢中で駐車場の車まで逃げ込み、警察へ連絡する。

その後、到着した警察が部屋の中を調べてくれた。しかし、受話器は落ちていなかっただけでなく、部屋には誰の姿も、誰かが侵入した形跡すらなかったという。


「なぜだか分からないんですが、あの日は玄関の鍵を掛けたかどうかが無性に気になって、不安でしょうがなかったんです。やっぱり奇妙な事が起こる時って、普段とは違う何かを感じとってしまうのかもしれませんね。今後もしそういう知らせかもしれないという場面に出くわした時、あなたならどうしますか？」

石原さんはそう言って肩をすくめた。

刺青

読者のあなたやその周囲で、身体に刺青を入れている方はいるだろうか？

昔の日本では反社会的な象徴として扱われることが多かったが、昨今は若者の間でタトゥーと呼ばれ、ファッションとしても人気が高い。

六年ほど前、私が働いていたリサイクルショップに社員として入ってきた満治さんは、熊本県出身の話し言葉に故郷の訛りが色濃く残る人物で、筋肉を蓄えた大きな体が特徴的だった。

その体力と体躯を活かして、重い荷物を率先して運んでくれたり、聞き上手と社会経験の多さを活かし相談役になってくれたり。頼りになるその性格から、一ヵ月ほどが経過した頃には、親しみを込めて周囲からハルさんと呼ばれていた。

ハルさんは仕事中いつも長袖で、それは夏だろうと変わらない。本人に聞いてみると、

「右腕に刺青を彫っとるけん、隠しとるんよ」ということだった。

特に悪さをしていたという過去を聞いたことがなく、性格も温和なハルさん。私はそん

な彼が入れた刺青や、その理由に自然と興味が湧く。

一回り年上のハルさんとは気が合い、仕事後に何度か飲みに行ったことがあった。その際に、それらの疑問をぶつけてみた。

「この仕事場へ世話になる二ヵ月くらい前か。若い友人が彫師を始めたけん、練習台になってやろうと思うてな。どうせ独り身で家族もおらんし」

いくら迷惑をかける相手がいなくても、身体に刺青を入れるとなると普通は躊躇しそうだ。だが、そんなところがお人好しのハルさんらしいとも思った。

私がどんな柄なのか見てみたいと言うと、ハルさんは少し得意気に長袖を捲る。

「これや。ほら、綺麗かろう?」

丸太のような二の腕には、目を奪われるほど美しい天女が佇んでいた。

思わず「似つかわしくない」と言葉にすると、ハルさんは笑いながら私の額を小突いたが、本当に神々しいほど綺麗だ。白い羽衣を纏うその天女は、左手を持ち上げて頬にあてており、憂いを感じるその表情に艶やかさすら感じた。

刺青には詳しくないが、本当にこれを新人の彫師が彫りあげたのか?

酔いもあり外聞など気にせず、ハルさんにそう質問してみる。

「もちろん彫師の腕もよかばい。ただこれはな、元になっている絵があまりにも良過ぎる。

俺も初めてこの絵を見た時は、一時間近くも見惚《みと》れてしもうた」

ここからハルさんは、腕に入れた天女にまつわる昔話を聞かせてくれた。


ハルさんがまだ二十代の頃、地元を出る少し前に母方の祖母が亡くなった。

既に他界していた祖父が結構な地主であり、その後はかなり大きな屋敷に一人で住み続けていたらしい。

その日、葬儀や遺産相続の話し合いのため、親族がそこへ一堂に会した。とても優しかった祖父母を慕っていたハルさんは、久しぶりに訪れた屋敷で思い出に耽っていた。

しかし自分の親を含む集まった親族達は、祖母が亡くなった悲しみよりも遺産が大事らしく、屋敷や財産の話に夢中になっている。

ハルさんは辟易して、一人話し合いの場を離れて庭を歩いていたそうだ。そして当時趣味だったカメラで、庭や祖母の母屋を写したりしていた。

そこで、蔵が目に入る。

泊まりにきていた幼い頃から、絶対に入るなと念を押されていた蔵。あとから聞いた話によると、骨董品集めが趣味であった祖母は、そこへそれらの品をまとめて保管していたらしい。

ハルさんは好奇心から、吸い寄せられるように蔵へ近付いた。扉には閂《かんぬき》が掛かっているだけで、錠は存在していない。

閂を外し、軋んで重さを増している扉を引くと、目に見えるほどの埃が宙を舞う。しばらく誰も利用していなかったことが分かる。

蔵は平屋で、中には大きな壺や古びた絵画などがぎっちりと収められていた。おそらくそれらが崩れたりすると危険なので、子供の出入りを禁じたのだろう。

周囲に視線を這わせ、足元に気を付けながら蔵へ足を踏み入れる。照明の場所は分からなかったが、開け放した扉から入る光が道のようになり奥へと続く。

それを辿ると、最奥に位置する辺りに立てかけられた額縁が輝いていた。

そこまで移動し、うっすらと埃に覆われたガラスを袖で拭うと、妖艶な笑みを浮かべる女の顔が鮮やかになっていく。

こちらを見つめるそれが、腕に彫った天女だった。あまりの美しさに時間を忘れ、絵画から目が離せなくなる。

持ち帰ってずっと眺めていたいほどの衝動に駆られたが、さすがに話し合いの最中に勝手に遺産を持ち出すようなことは出来ない。

他の遺産や権利は放棄するから、これが欲しいと願い出てみようか。そんなことを考えながら、せめてとばかりに、持っていたカメラで写真にだけ収めると、ハルさんは名残惜しさを感じながら蔵をあとにした。

その後、祖母の初七日を迎える直前に、蔵が全焼したと知らせが入る。遺産を大量に失って落胆する両親の姿が、強く印象に残っているという。

出火原因は不明だった。

「どうせ燃えてしまうんなら、こっそり貰っておけばよかったなんて思ったばい」

そう言いながらジョッキを傾けるハルさんは、左手で携帯電話を操作している。

「お人好しのハルさんにそれは出来ないでしょう」と返すと、がははと豪快に笑いながら左手に持つ携帯の画面をこちらへ近づけてきた。

「ほら、これがその絵。刺青を入れる時に彫師へ渡すために、カメラからデータを移したんや」

刺青ですら目を奪われた、天女の元になった絵画。

写真データとはいえその現物が見られると聞いて、好奇心が湧かないわけがなかった。

一体、どれほど美しいのだろう。私は興奮気味に、差し出された携帯の画面へ目を移す。

次の瞬間、おもわず顔をしかめてしまった。

「驚いたやろ？　天女以外はなんだか不気味やけん、刺青には天女だけを彫ったんや」

私の反応が意外ではなく、当然だと言わんばかりのハルさん。

それもそのはず。元の絵画に描かれているのは、天女だけではなかったからだ。

異様な妖艶さを醸す天女を囲むように配置されているのは、異様な不気味さを醸す五体の何か。

共通して頭部に角が生えていることから、鬼と表現するのが適切な気がする。それらはそれぞれのおぞましい姿態を、まるで天女に見せつけるかの如く取り巻いている。

いや、もしくは天女が鬼たちを従えているのではないか？

そんな考えが浮かぶと、急にその笑みに禍々しさを感じてしまう。

私は直感的に、絶対にこれには関わらないほうが良いと、強くそう感じた。

ハルさんにもそれを告げるべきか迷ったが、私はただの物書きであり、霊能力者でも超能力者でもない。

そもそも、刺青を除去するとなれば相当な金額と時間がかかるだろうし、彫師との関係上ハルさんは絶対にそれを望まないだろう。

写真データについては消す事が出来るが、私の思い過ごしだった場合、ハルさんの思い出を消してしまうことになる。

そう考えた末、結局私はその事を口にしなかった。

しかし、今でもこれを強く後悔している。


それから一ヵ月ほどが経ったある日、ハルさんが仕事を休んだ。

頑丈だけが取り柄だと自分で言っており、勤めてから今まで一度も休むことがなかったハルさんの欠勤に周囲は驚いた。

そのまま、ハルさんのいない勤務が一週間ほど続いた頃。刺青の事を知る同僚が、周囲に「追い込みにでもあったんじゃないか」と悪意のある噂を吹聴していた。

しかし、私はそうは思わない。あれだけ義理人情に厚いハルさんが、黙って居なくなるわけがないからだ。

それまでに何度連絡を入れても返事がなかったので、私はその日の仕事後わりに、おもいきってハルさんの自宅アパートを訪れることにした。

連絡を返さない相手の家に押しかけることには正直抵抗があったし、なにより飲みの帰りに一度だけタクシーで寄ったハルさんのアパートへ辿り着く自信がなかった。

それでも、ハルさんの身になにかあったのではないかという心配が勝ったのだ。

だが、いざもうすぐ終業という時間になると、店舗の入り口辺りがざわつきだした。近づいてみると、なんとそこにはハルさんの姿があった。

たった一週間しか期間が空いていないにもかかわらず、遠目からでも随分痩せたように見える。聞いてみると、今日限りで仕事を辞めて田舎に帰るという。

なにがあったのか、理由については一向に答えようとしない。それでも私がしつこく問い続けると、小さくため息を吐き、外で待っていてくれと告げた。


しばらくすると退職の話し合いを終えたハルさんが現れ、二人で近所にあるコンビニまで移動して灰皿を囲む。

煙草に火を点け、大きく煙を吐き出すと同時にハルさんが口を開く。

「連絡も返さんで、迷惑をかけてすまん。実はな、前に話した彫師の友人が事故で亡くなったんや」

地元に戻ってその葬儀に参列したり、その事で精神的に消耗していたりしたため、しばらく仕事を休んでいたという。

だがどうして、それで今の仕事を辞めることになるのだろう。

「久しぶりに地元へ戻ったら、急にやっぱりこっちへ骨を埋めたいと強う思うてな。向こうへ行ったら連絡は返すけん、良かったらいつか遊びに来てくれよ」

いつか飲んだあの日、ハルさんはたしかに言っていた。地元にはツテで就職先が多いけれど、それは地主だった祖父母の力であり、自分の力ではないから地元で仕事はしたくないと。なにか、その考えが変わるほどの転機があったのだろうか。

「そうしたら、俺行くわ」

それだけ話すと、ひらひらと右手を振りながら遠ざかっていくハルさん。

声をかけたい気持ちはあるが、ハルさんが決めた人生の決断。そう簡単に答えを出したとは到底思えない後ろ姿に、私は躊躇していた。

視線の先に居るハルさんは上着を脱いでおり半袖で、上げた右手の袖がするりと下がり落ちる。そこから例の天女が顔を出した。

その直後、私は絶句する。

美しい天女のすぐ側に、存在しなかったはずの鬼たちの姿があったからだ。

あの時見せてもらった写真データと、全く同じ姿形、構図をしている。

……どうして？　彫師は既に亡くなったはずじゃないか。

私はついさっきの葛藤など忘れ、すぐに追いかけて刺青を消すよう説得する。

するとハルさんは特に理由を聞いたり、言い返したりすることもなく、「分かった、達者でな」と左手で私の頭を撫でた。

同時に刺青の鬼たちが、にやりと笑ったような気がした。

これがハルさんと交わした最後の会話になる。


今にして思えば、ハルさんはすでに何かに取り込まれてしまっていたのだろうか。もしくは、ハルさんが突然退職したのも私と連絡を絶ったのも、その得体の知れない力が周囲に及ぶのを畏れたからなのだろうか。

今となってはわからない。

以降、何度か連絡を入れたが返ってきたことはない。

ただハルさんが無事に生きていることを願うばかりだ。

T橋さん

看護師のEさんは、「気持ち悪い不気味な体験だった」と語ってくれた。

神奈川県のとある病院に勤務していた時のことである。


ある日、大きな事故で負傷したというT橋さんが救急搬送されてきた。緊急手術の結果、意識は戻ることなく植物状態となってしまった。

T橋さんが集中治療室から個室へ移り、数日経った頃のことである。

夜勤のYさんが申し送りの後に、Eさんにコソッと妙なことを言った。

「毎晩、T橋さんのところに奥さんが来てるかも」

毎晩？　面会履歴を見ても夜には誰も来ていない。

というか、T橋さんの奥さんは三年前に病気で亡くなっていると聞いている。

「どういうことなの？」と訊くとYさんは言った。

「Eさん、幽霊を視たことある？」

正直な話、病院というのは当たり前のように視える場所であり、Eさんもまた心霊体験と呼べる経験を何度もしていた。

「何回かありますけど――」

そう答えると、そのYさんは堰を切ったように喋り出した。

どうやらT橋さんが入院してきた初日から「奥さん」は来ているらしい。その夜、T橋さんのベッドの足元に立って覗き込むように見ている黒い人影を視たという看護師が何人もいたうえに、以降も夜勤の看護師の間ではひっそりと噂になっていたらしい。

そんな話を聞いてしまったEさんは、知らなかったから気づかずにすんだのかもしれないのに、次の夜勤には私も視てしまうかもなと思った。

二日後、Eさんは夜勤だった。

Eさんが勤める病院のシフトは夜勤が三日連続で入り、その後一日休みでまた昼勤に戻るという流れなので、この日から三日は、その黒い影を視ることになるのかも、と少し憂鬱になったという。

深夜の見回りをする時間になり、Eさんは入院病棟を一人で見回っていた。

一部屋に複数人の患者が入院している部屋は異常はなかった。次は個室だ。

T橋さんの名前が書いてある個室の扉の前に立つ。扉をそっと開けて様子を窺う。

ベッドの足元、そこには噂通りの黒い影がいた。

寝ているT橋さんを覗き込んでいるようだった。

覚悟はしていたこともあったからか、Eさんは不思議に怖いという感じにはならず、異様な光景だなとは思った。しかし何よりも、患者の様子を見なければならないので、頭を振ると部屋に入った。

植物状態であるT橋さんの心拍数を確認すると、異常はない。

Eさんは影を見ないよう足早にT橋さんの病室を出た。

ナースステーションに戻ると、夜勤の同僚がEさんを見ていて目が合った。

「いました？」

先にそう言われ、Eさんは「あれはいったい？」と改めて訊いてみた。

「あれ、T橋さんの奥さんだという噂がありますけど、全然違いますよ」

同僚は少し困った顔をしながら話してくれた。

「私、ここに勤める前に東京、その前は千葉の病院にいたんです。初めてあの影を見たのは千葉の時でした。今回と同じようにベッドの足元に立って、寝ている患者さんを覗き込んでいたんです。その患者さんが亡くなった後は見ませんでしたが、数ヶ月後に移った東京の病院でまた同じような影を見たんです。その時の患者さんもその後すぐに亡くなりました。それからしばらくして先月、この病院に来たんですが、またあの影を見るようになりました。だからあの影、T橋さんの奥さんなんかじゃないです」

びっくりしたEさんは同僚に質問した。

「千葉・東京・神奈川ってあの影は渡ってきてるの？　あなたに憑いてきてるみたいじゃない」

「いえ、私に憑いているわけじゃありません。東京にいる時に、千葉の病院で影が出たって聞いたこともあるので」

「じゃあ何故？　あの影はここにいるの？」

「嘘のような話で信じてもらえないかもしれないですが……」

同僚はちょっとためらう風に間を置くと言った。

「影に覗き込まれる患者さんの名前は、みんな〝T橋〟なんですよね」

そんなことがあるものなのかと、その場は終わったが、三日後、容体が急変したT橋さんは亡くなった。

それきり、その影は出なくなった。入院患者に「T橋」という名前の者がいなかったからかもしれないが――
なんの障りあって足元に立たれるのかは分からないが、T橋の名前の方、入院にはご注意を。

復讐鹿

ある夜、愛知県東部の山へとドライブに行ったMさんの話だ。

デザイン系の仕事をしているMさんは普段からパソコンを使ったデスクワークばかりのため、たまに自然を見たくなりドライブをするそうだ。

季節は秋頃で、その夜は海へ行くか山へ行くかと悩んだ末に、山へ行くことにした。

Mさんいわく、秋の山道は少し凍結し始めていて危険もあるが、空気が澄んでいて星がとても綺麗に見えるのだという。

山道は行き交う車もなく、一人で気ままに運転し満点の星空を満喫していた。そろそろ帰ろうかと車で山道を下っていると、突然、ドーン！　とものすごい音と衝撃に見舞われた。

何事かと車を急停止し、車外に出てみると、車の左前付近に大きな鹿が倒れていた。

どうやら飛び出してきた鹿とMさんの車がぶつかってしまったようだ。全く気がつかなかったが、倒れている鹿は全く身動きしない。Mさんはどうしていいか分からず、とりあえず警察へ電話した。

やはり、山道ということもあり、事故処理の人が来るのに一時間はかかるという。外にいたMさんは寒くなり、車の中で待っていようかと思った。しかし、なんとなく鹿に申し訳ない気持ちになり、外で警察の到着を待っていた。

しばらくして、鹿が倒れている左側の森の方からガサガサという音が聞こえた。気にしてそちらの方を見てみると、小さな光の玉が四つあった。

なんだろう？ と思いながら注視していると、はっと気がついた。

目だ。動物の目が光ってこちらを見ているのだ。

反射的に、スマホのライトをその方向に向けてみた。

鹿だった。

動物の表情などよく分からなかったが、そこに怒りがこもっていて、Mさんを見据えているのを感じた。たぶん、この鹿の仲間で、自分に対して怒っているのだと。

Mさんは四つの光の玉と、動けないまま対峙していた。

どれぐらいの時間が経ったのか、近づく警察車両の音を聞くとともにその四つの光は消えた。真夜中の三時頃。事故処理を終えて、ようやく地元に戻ってきた。

家の近所の踏切で、引っかかってしまった。ここを越えれば家はすぐそこだ。

こんな時間に貨物車か？　そう思って待っているが、待てど暮らせど貨物車も通る気配はない。ただただ警報機が鳴っている。

電車こないなとぼんやり見ていると、不意に遠い暗闇の中から光がすべるようにやってくるのが見えた。

四つの光る玉のようなもの。鹿とぶつかった現場で見た、あの鹿たちの目だ。

しかし、鹿たちの姿はない。光の玉だけがこちらに向かってくる。

怖くなったMさんは、心から謝った。

「轢いてしまって――あなたたちの仲間を死なせてしまって、すみません」

多分、声に出して言っていた、と語るMさん。

その光の玉はMさんが謝罪を口にした途端、スッと消えてしまった。

そして踏切の警報もフッと消え、気づけば暗闇の中にひっそり停車しているMさんだけがいたという。

「動物たちも理不尽な死に対して復讐を考えるのじゃないでしょうかね」

それ以来、山へのドライブはしなくなったという。

魔法の袋

「私、魔法の袋を持っていたことがあるんです」

そう言うYさんが、その袋を持ったのは中学生の時のことだった。

Yさんは地元の学区の中学校には通わず、自宅からは少し遠いバレーボールの強い学校に転校したばかりだった。

通うには離れた場所なので両親が送り迎えをしてくれるのだが、強豪のバレーバール部の練習は何時に終わるのかが分からない。

一応、終わりの時間というのは決まっているのだが、強豪ゆえ居残り練習が許可されていたので、定時に帰る部員は一人もいない。

Yさんももちろん、最後まで居残っている。帰りの時間に外が暗くなっているのは当たり前だった。練習が終わり、学校の前にある公衆電話から家に電話して迎えに来てもらうという流れなのだが、電話をかけるためにいつも小銭を持ち歩いていた。その小銭を入れる財布が必要になってくる。

Yさんはお母さんにお願いして、電話用の小銭を入れる小袋をもらったそうだ。

それが思いのほか可愛くて、嬉しくて貯金箱を開けて電話に必要な十円以外の小銭も入れておいた。むしろ普段使いに近かったので、五円やら一円やらの小銭もたくさん入っている。

ある日のこと。部活が終わり母に電話をして迎えを待っていると、その袋の中に今、何円が入っているかが急に気になってしょうがなくなった。

母が運転する車が到着し後部座席に乗り込むと、早速袋に入っていた小銭を数えようとしたが、手が滑って袋ごと小銭を車の床にぶちまけてしまった。

「何やってるの!」という母も声を聞きながら、Yさんは急いで床を手探りで触り、散らばった小銭を拾い集めた。

しかし、集まった小銭を見ておかしいと思った。

何故なら確実にあった一円や五円といった十円以外の小銭が全てなくなっているのだ。

いや、なくなっているとも違う。すべてが十円玉に変わったかのようだ。

確実に、十円玉が増えていて、一円玉と五円玉がない。

どういうことだ？　そう思いながら家に帰ると改めて小銭袋を開け、白い紙の上に小銭を広げてみた。だがやはり一円玉や五円玉といった小銭はなくなっていて、すべて十円に変わっていたという。

その後、三回ほどそんなことが起こった。しかし、中学校卒業後、バレーボールもやめてしまい、その袋はどこかへ仕舞い込んで使わなくなったらしい。

十三年ほど経ち、Yさんが二十五歳になった最近の話、母にこの袋の話をしたところ、

「あの袋、あなたが中学校二年の時にバザーに出してたわよね」

と言われた。

母が言うには、学校のバザーで出すものがないからと、Yさん自身がその袋を出したという。

Yさんの記憶では中学校卒業まで使い続けたと思っていたが、母によると、そのあとに新しい財布を買っていたという。

「今思えば魔法の袋ですよね！」と言うYさん。あの袋はその後、誰かのところでお金を増やしたのかしら？　と微笑んだ。

特別寄稿
いわお☆カイキスキー

おかえりなさい

神奈川県相模原市にお住まいの佐田さんは、働き盛りの四十代。自営業を営む男性で、独身貴族を謳歌していて羽振りも良い。百八十センチはあるだろうか、長身で強面の彼は、「全部奢《おご》るから」と呑みに誘ってくるのがお約束だった。

お言葉に甘えて何度かご一緒させていただいたことがあるが、終電が近づいてくると眉間に皺を寄せ、何とも切なく寂しそうな顔をするのも、またお約束。結局、いつも朝まで帰してくれないのだ。

帰る家に待ち人が居ない。だから寂しいのだろうと思っていたが、どうやらそうではないらしい。

「待ち人なら、居るよ」

どういうことかと尋ねてみると、待ち人と言ってもそれは、「人」ではないんだそうだ。

そしてそれは毎夜、ベランダに立っているのだという。

もう二十年も前の冬の話。当時、佐田さんは東京の羽村市で、とある工場に勤めていた。そんなに大きくない工場で、従業員は五十名にも満たない。ろくに残業代は出ないが、仕事終わりの一杯は必ず先輩が奢ってくれる、そんなアットホームな職場で気に入っていた。

「佐田、今日は朝まで呑めないかな」

とある呑みの席、「話したいことがある」と佐田さんを呼び出した川田さん。四十代の独身貴族で、佐田さんからすれば大先輩にあたる人物だ。彼は一本気な昭和の男、といった感じでこれまで弱いところを見せようとしなかった。だから佐田さん、彼が自分を一人の男として見てくれたような気がして、こそばゆくもなんだか嬉しかった。

「当たり前じゃないですか、川田さん。とことんお付き合いしますよ」

当然、そう返す。そもそも、大先輩のお誘いを断るわけにはいかない。

それを聞いた川田さん、満面の笑みで大層喜んで「ありがとう、ありがとう」と頭を下げた。しかし、しばらくすると笑顔が少しずつ真顔になっていき、気づけば、川田さんの目が潤み始めたのだ。

「一体、どうしたんですか」

佐田さんがそう効くと、最初は「あー」とか「うーん」だとか言葉を濁していた川田さ

んだったが、強い酒をグイッとやって、意を決したかのように目をつぶりながら、

「家に、帰りたくないんだ」

絞り出すように一言、そう言った。おおよそ、普段の川田さんからは発せられそうにない、弱々しい声だった。

一ヶ月ほど前に遡る。川田さん、仕事帰りに、コンビニで鳥の唐揚げとビールを買った。いつもと同じルーティーン、いつもと同じ夜になるはずだった。

木造コーポの二階、住み慣れた我が家の扉を開けて、一人で「ただいま」と言う。

扉を閉めて部屋に目をやると、暗い中に電源タップの赤い光が煌々と浮かび上がっていて、ブーンと微かに冷蔵庫のノイズが聞こえる。彼はそんな「待ち人の居ない毎日」に慣れていたつもりだったが、靴を脱ごうと前かがみになりつつ、何故だかその日に限って「寂しいなぁ」と独り言を呟いた。すると、

「おかえりなさい」

か細い女の声、あまりの非日常に胸のあたりがズクンと痛んで、身体が動かなくなった。

顔は下を向き、目は自分の靴を見つめたまま動けない。そのまま息を殺して耳を澄ます。

チッチッチッチッと時計の針の音だけが聞こえる。しばらくすると、

「おかえりなさい」

また聞こえた。川田さん、意を決して、土足のまま家に上がる。そして、ドンドンとわざと大きな足音を立てながら声のした方へ向かう。

ベランダだ。ベランダから声がした。カーテンの前に立って手を掛けるが、分かる。何かが居る。風の通り道があって、身体中に怖気が走る。ベランダの戸が少し、開いている。手が動かずに、ここまできて、カーテンを開けることができない。

すると、カラカラ——と目の前のベランダの戸が開く音がした。木枯らしのような風が吹いて、手を掛けていたカーテンがめくれ上がる。そして目の前に、それはいた。

「お母さん……？」

思わず声が出た。ベランダに立つそれは、右頬に大きなシミがある自分の母だった。

でも、母じゃないことはすぐに分かった。明らかに声が違う。

それに、母はこんなに大きくない。自分は母より大きいはずなのに、それは見上げるほどに大きいのだ。二メートルはありそうな「母の顔をした大女」がベランダの戸に手をかけながら、立っている。

「お母さん、だよぉ」

大女からは想像もつかない猫なで声を出し、目の前の母の顔はくしゃっと笑った。

川田さん、「うううう！」と声にならない悲鳴を上げながら、必死になってベランダの戸を閉めようとする。だが、取っ手が何故かぬるぬると滑って、うまく力が入らない。それならと、必死になって身体を戸に押し付ける。

「お母さんだよぉ。おかえりなさい」「おかえり」「おかえりぃ」

大女がそう言うたびに、ガタガタと戸が動く。少しでも気を抜いたら身体ごと持っていかれて戸が開いてしまう。

勘弁してくれ、おかえりじゃない、そっちこそ帰ってくれ。

そう何度も心の中で叫び続けた。


どのくらい時間が経っただろうか。名前も知らない鳥の鳴き声と寒さで我に返った。ベランダの戸からは、光が差し込んでいる。どうやら寝てしまっていたらしい。

昨日のそれは夢だと思いたかったが、ベランダの取っ手にはベッタリと油のようなものがついていて、残念ながら現実なんだと悟った。

川田さん、その日は体調を崩して工場を休んだのだが、家にいることもできない。

非番だった近所の同僚にどうしても泊めてほしいと頼み込んだ。仕事を休んでおいて泊まるなんてどういうことだと同僚は訝《いぶか》しんだが、川田さんの凄まじい気迫、いや、必死さみたいなものに圧《お》されたのか、それに同僚も独身だったので、最終的にはしぶしぶ泊めてくれることになった。

「でな、その日の夜もそいつの家で、出たんだよ。同じように、やけにでかい母親がな」

川田さんは震えてそう言った。両手はひどい鳥肌だった。佐田さん、彼のその腕を見て、この話はきっと事実なのだろうと思った。

それから数ヶ月後、この話は工場中で話題になる。

ひとつは、川田さんが手あたり次第、従業員にこの話をしたから。そしてもうひとつは、話をされたうちの何人かが、同じ体験をしたからだ。

そして、不思議なことに、同じ体験をした全員が「独身」だった。

工場の空気は最悪だった。

「川田、これ、どうしてくれんだよ」

「あんたのせいで、うちにも出るようになっただろうが」

「なんとか言ったらどうなのよ、川田さん」

「どうすりゃいいんだよ、川田」

同じ体験をした何人かが、川田さんに詰め寄る。中には女性もいて、今にも泣きだしそうになっている。

何故か川田さんはニヤニヤしながら、「知らねえよ」と一言吐き捨てた後、彼らを無視した。川田さん、焦った感じも疲れた感じもしない。むしろ、この話を自分にした時とは比べ物にならないくらい血色は良くなっていて、元気そうに見えた。

佐田さんも他人事ではなかった。この話を聴いて数日経った、ある日の仕事終わり。家について扉を開け、靴を脱ごうと前かがみになった時、ふとこの話を思い出した。そして、なんとなく川田さんと同じように「寂しいなぁ」と呟いてみたのだ。すると、

「おかえりなさい」

か細い消え入りそうな女の声が聴こえた気がした。

踵に重りが付けられたかのように、ズシンと身体が重くなって、恐る恐る声がした方に目を向ける。ベランダのカーテンが開いている。そして、そのベランダには、自分よりはるかに背が高い、母親の顔をした大女が満面の笑みで立っていた。

それからと言うもの、どこにいても母親の顔をした大女を見るようになったのだ。

友達の家に泊まっても、母親の顔が窓から覗いてくる。行くあてがなく、夜、外でガタガタ震えていても、五十メートルくらい先の路地に、明らかに大きな女が立ってこちらをじぃっと見ている。

もう逃げられないのかもしれない。一体、自分はどうなってしまうのだろう。

ぐるぐると思考が頭を駆け巡る中、佐田さん、頭の中のスイッチみたいなものが入った

感覚がした。川田さんのほうに早足で歩いて行って、同僚を押しのけ、ニヤニヤする川田さんの髪を掴んで、顔を近づける。そして、こう凄んだ。

「どうやったらアレから解放されるのか、本当に知らんのですか。随分とアンタ、幸せそうじゃないか。逃げれたんじゃないのか？」

するとと川田さん、ニヤニヤしながらこう言う。

「しょうがねえな、教えてやるよ」

「部屋に、入れちまえば良いんだよ」

「入れちまえば解決する。母親に会いたくて仕方なくなって、その顔に安心するようになる。怖くなくなるからよ」

佐田さんも詰め寄ってた同僚も、最初は川田さんの言ってることの意味が分からなかった。彼は続ける。お前ら全員、必死になって逃げてるだろ、と。

「逃げるんじゃなくて、家に入れるんだ。招き入れるんだ。そうすれば分かる。怖くなくなるんだ。俺を見ろ、今怖がっているように見えないだろう」と。

確かに盲点だったと、同僚の一人が言った。

その日の夜、佐田さんはいつも通り、待ち人の居ないはずの家に帰った。すると、やはりまた、「おかえりなさい」と、か細い声がした。

ベランダを見ると、いつも通り、母親の顔をした大女がベランダに立っている。この頃には少し慣れていたのか、ベランダの母親の顔をじっくりと見る余裕があった。「おかえりなさい」と言うその顔。目尻は下がり、少し伏し目がちで、何だか寂しそうに見えた。入れてみよう。そう思った。

少し見てくれは違うけど、母親と同じ顔をしているじゃないか。きっと悪いヤツじゃない。そうだ、いつも「おかえりなさい」と言ってくれているじゃないか。

「お母さん、今開けるからね」

そう呟いて、ベランダに近づき戸に手を掛けようとしたその時。

ルルルルルル……と、部屋の電話が鳴った。その音で我に返り、一体自分は何をしようとしていたんだ、どうかしてるぞと思った。そして、電話を取る。

「ああ、家にいて良かった。おかえりなさい。あんた、元気かなと気になってさ」

電話口から、母親の声がした。その声を聴いた瞬間、涙が溢れて嗚咽するほど泣いた。滲む景色の中で、ベランダにはまだあの大女が立っていたが、佐田さんは何も言わずにカーテンを閉めた。

それから数日の間に、川田さんから「部屋に入れれば良い」と言われた同僚が、ひとり、またひとりと会社を休んだ。社内では「訃報が続くねぇ」と、皆、悲しそうな顔をしていた。

会社を休んだ同僚――あの時、あの対処法を聞いた同僚は佐田さん以外に四人いたのだが、その全員の母親が急逝した。原因は不慮の事故や脳梗塞と様々だったが、その四人はしばらくすると、川田さんと同じように血色が良くなり、元気になっていった。

そして口々に言うのだ。

「家にはいつもお母さんが居るから、寂しくない」と。

母親の顔をした大女。あれが本当の母親のわけがない。そもそも彼らの母親は亡くなっている。佐田さんは同僚がなんと言おうと相手にしなかった。もちろん、あの大女を家に入れることはない。

二十年経った今だから言えるが、慣れてしまえば良い、と佐田さんは言う。

「おかえりなさい」と言われても無視をすればいいし、あの大女がベランダに立っていようが、カーテンを閉めてしまえば良いのだ、と。二十年も同じことを続けていれば、さすがに慣れるのだ、と。

だが、それでも。たまに、家に帰りたくない時がある。一人で居たくない時がある。

あの、「おかえりなさい」を聞きたくない時がある。

そんな日は、「全部奢るから」と誰かを誘って朝まで呑み明かす。

「この話をして、ごめんな」

そう言った佐田さんの申し訳なさそうな顔が忘れられない。

あの大女は、待ち人は、母親の顔をした何かは——今も、この話を聴いた誰かの家のベランダに立っているのかもしれない。

♯心霊写真の撮り方

幼い頃からホラーやオカルトの類が大好きだった牧さんは、数年前に同じ趣味の人達が集まるオフ会に参加したそうだ。

誘われたきっかけはおそらく当時、牧さんがSNSにつけていたハッシュタグで、突然メッセージが届いた。怪談好きと繋がりたい、心霊好きと繋がりたい、ホラー好きと繋がりたいなど数多のタグ付けをしていたため、明確にどれが導線になったのかは分からない。

オフ会のコンセプトは、心霊写真を撮影すること。

当日の夜中、心霊スポットの廃ホテルに牧さんを含む四人が集まった。

主催者を名乗る髪の長い中性的な容姿の男性と、大学生のカップル。同じ趣味を持つ者同士で全員齢《とし》も近く、すぐに打ち解けることができた。

会場の廃ホテルの噂は牧さんも耳にしたことがあり、あまりにも自殺が多すぎて経営破綻、その後現在まで借り手がつかず廃墟となっている場所だ。

ここなら心霊写真が撮れるかもしれない、入った時からそんな雰囲気を感じさせる不気味で湿った気配を感じた。

「どんどんシャッターを切ってください。一つでも心霊写真が撮れれば成功ですから」

という主催者の扇動で、いよいよ廃ホテルへ足を踏み入れた。

渡されたのは見慣れないインスタントカメラだったが、「これが一番写るらしいんですよ。差し上げますので」という言葉に従い、スマホではなくそのカメラで撮影を行うことになった。

入り口には部屋番号と料金表がかかれた看板が掲げられており、どうやら建物はラブホテルとして機能していたことが分かる。カップルの女性がそこにあるボタンに手を伸ばしたところ、「きゃあっ！」と悲鳴が聞こえた。

かなり驚いたが、どうやら蜘蛛の巣に指が引っかかっただけのようだ。ただ念のため、数枚シャッターを切っておいた。

側にある階段から二階へ進むと、縦に複数の部屋が並んでいた。ほとんど鍵がかかっていたが、一つだけ蹴破られたように穴の開いた扉がある。

四人揃って中へ入ろうとすると、急に背後から何かが割れるような音が響き渡った。

突発的な音に反応して、主催者以外の三人が声を漏らしてしまう。

そして、音のした方向へ急ぐ。しかしどれだけ探しても、あの音を発したようなガラスや花瓶の類は見当たらない。仕方がないので音がした方向を撮影し、続けて部屋の中にあったベッドやバスルームなどを撮影する。

その後もカップルの男性が妙な影が走ったという場所を撮影したり、妙なシミがある天井を撮影したりした。

最後まで実際に幽霊を見ることこそ叶わなかったが、それなりに肝試しを堪能し、記念に外で四人の姿を撮影するとその日はお開きになった。


牧さんはその翌日カメラを現像に回し、写真を手に入れたのが二日後だった。

家に戻り、わくわくしながら写真を漁る。

しかし、入り口で撮った看板にも、妙な現象が起きた場所にも、ベッドにもバスルームにも天井にも、どこにも幽霊やそれと思われるものは写っていなかった。

はぁ、と溜め息を吐きながらSNSを開く。もしかすると他の三人の誰かが心霊写真を撮っているかもしれないからだ。

そう思ってSNSのグループを開いた牧さんは、思わず「え？」と声をあげてしまう。

四人いたはずのそのメンバーが、二人という表示に変わっていたからだ。グループにいるのは、自分と主催者の男だけ。いつの間にか大学生カップルが抜けていた。

一体どうして？　帰り際、また一緒にオフ会を開こうと約束したのに。

トーク画面を表示してみると、一つ新着メッセージが届いている。主催者からだ。

「お互い、最高の心霊写真が撮れましたね」

意味が分からなかった。自分の方の写真はくまなく探したはずだが、幽霊やその痕跡は一つも見つかっていない。

――いや、待てよ。そういえば一つだけ確認していない写真がある。

牧さんは封筒から、最後に撮影した記念写真を取り出す。そして、目を丸くした。

写っているのは主催者と、人間二人分ほどの距離を空けた自分だけ。そこに大学生カップルの姿がなかったからだ。

慌てて主催者に連絡を取ると、「これをやってるとね、運が良ければ今回みたいに本人たちが混じってくるんですよ。今回は害が無い優しい方々で少しつまらなかったですが」と答えた。

牧さんはその言い方に凍りつき、恐ろしい想像をしてしまう。

今回は運が良かっただけで、場合によっては危険な霊が参加してきた可能性も大いにあったのではないか、と。

それからすぐに主催者もグループから消えてしまった。

メッセージは、前触れもなく本当に突然届いたそうだ。

牧さんもなぜ、当時全く親交がない人間に会いに行く決断をしたのか分からないという。

もしあなたがそう言ったハッシュタグを設定している場合はご注意を、と言いたいが、牧さんの話を聞く限り、その男の誘いを断ることは不可能かもしれない。

言い直そう。現在既にそういったハッシュタグを付けてしまっているのなら、覚悟を決めることだ。

集中力開発セミナー

「こういったセミナーの誘いには絶対に付いて行かない方がいいです！　絶対に！」

電話口で声を荒げるEさんは、過去によっぽどひどい騙され方をしたのではないかと推測出来る。

Eさんが過去に勧誘されたのは、人間の集中力を極限まで引き出す、がテーマの集中力開発セミナーという団体らしい。

正直言って名前も内容もかなりの胡散臭さだし、ほとんどの人間が直感で詐欺だと疑うレベルだろう。

私が「怪しい話に乗らない、さすがにそれぐらいの教養はある」と返すと、「そういう意味ではない」と言うEさん。

どういうことだ？　と混乱する私に、Eさんが続ける。

「ママ友二人と受講したんですが、その二人を含めて参加していた私以外の人間は全員効果覿面《てきめん》という感じでした。費用も安かったし、詐欺なんかではないと思います」

――？

それだとますます分からない。

ではなぜそこまで毛嫌いするのか、その理由を尋ねた。

「その日に受講していたのは五人。集中力を高めるセラピーの真最中で、講師を含めて全員が天井を向き、両手を合わせて目を瞑っていました。ただどうしても集中出来なかった私は、つい皆の状況を確認しようと目を開けてしまいます。これがまずかった。天井を真っ赤な女がにたにたと笑いながら這い回っているのに、誰も気付いていなかったんです」

彼氏隠し

これは愛知県のある山の谷間にあるダム池で起こった出来事だ。

Sさんには小さい頃からいわゆる、霊感みたいなものがあった。

しかもこのSさん、ただ視えるだけじゃなく霊と対話できるそうだ。


その山にSさんと行ったのは、心霊スポットと呼ばれるトンネルがあり、そこには女性の霊がボス的存在のようにいる、との噂があり、実際に視てもらおうと思ったのだ。

結果、そのトンネルには女性の霊ではなく、作業員の男性の霊がいたと教えてくれた。

帰り道、そのトンネルと繋がっている別の山の谷間にダム池があり、そこにも行ってみようと足を運んだ。

そのダム池には雨が降ると霊が出るとの噂があった。

ダム池に到着すると、Sさんはすぐに、池から繋がる山道の方へと歩いて行った。

そしてしばらく立ち止まり、やがて、Sさんはゆっくり僕の方に戻って来た。

「この娘、連れてくね」

そう僕に向かって言う。

はて？　この娘とは？　あっけにとられる僕に説明してくれた。

Sさんいわく、困った様子でこちらを見ている女性の霊が居たそうで、話しかけてみたが、あまり答えてくれない。なので、連れ帰って話を聞くとのこと。

「連れ帰って話を聞くんだ！」

少し興奮する僕に、やり方も教えてくれた。それが、缶チューハイをお供えし、一緒に飲んで話を聞きだすのだという。


それから数日してSさんに会い、その女性の霊が言っていたことを聞いた。

その女性は、ある男性に殺されて、あの山に埋められたのだという。彼女の出身地は愛知県の某市、看護師として働いていた。車はクリーム色の軽自動車に乗っていたらしい。

そして自分を殺した人は誰か。

その男性は彼氏だったという。殺されて真夜中に埋められたのだが、死んでもなお彼氏のことが好きでしょうがないという。好き過ぎるゆえに、自分の埋められている場所を教えると、彼氏が犯人だと分かってしまうから、この場に訪れる人に障りをして近づかないようにしているのだという。

そしてSさんはこうも続ける。

その女性の霊は、見つけて欲しい思いと彼氏が殺したことがバレないで欲しい思いとでごちゃごちゃになってしまい、半ば悪霊化してしまっている。

この話は知らない方がいい。知ってしまったことで女性の霊と縁ができ、「口止め」のためにその人の所へ行ってしまうというのだ。また、夜中に肝試しのつもりで訪れるなどもってのほか、危ないからやめておきなさい、と。

僕はこの話を聞いた時、正直半信半疑だった。

しかし、もし本当だとしたら？

関係ないかもしれないが、障りが更に強くなるように、僕はその池の横で今この文章を書いている。その女性が埋められたという真夜中に。

皆さんの所まで「口止め」が行きますように。

視える系

田島さんは開口一番、「本当は嘘なのに、注目を浴びたくて霊が視えるとか、霊に何かをされたとか触れ回る。そんなことをしてしまっている人たちへ届くと嬉しいです」と言った。


大学に入って半年が経ち、環境にも慣れてきた田島さんは、勉学そっちのけで合コンやサークル飲みに明け暮れていた。

その際、決まって自身が冒頭のように霊が視える人間だと自称する。理由は簡単、ウケがいいからだ。

当時はホラー映画や怖い話が大ブームで、酒も入った中でそういう話をすればとても盛り上がったという。最初はたまたまネットで拾った怪談話を披露し、それの考察で話が弾んだことがきっかけだった。

「これは友達の話なんだけど——」

「母親が霊感強い人で——」

「小さい頃に幽霊が——」

「実は俺、視えるんだ——」

といった風に、どんどんエスカレートしていったらしい。

しかし当時、特に罪悪感は持っていなかった。嘘を吐いても困る人間が居ないからだ。自分に幽霊が視えることで、誰が損をするというのか。特に一期一会が多い飲み会という場では、男女問わず全員が自分を盛ってみせたり、着飾ってみたりしている。大なり小なり必ず嘘や誇張が飛び交う中、これくらいの飛び道具はまったく問題ないという認識だった。

もちろん、その日を迎えるまでは。


マフラーをグレーの柄入りか、白と水色のボーダーにするか、ぎりぎりまで迷っていたという記憶から、季節は冬だったと伺える。

田島さんは男性四人、女性四人の合計八人でテーブルを囲んでいた。場所は大学から三つ離れた駅の裏通り、こぢんまりとした隠れ家的な居酒屋だ。

全員の飲み物が届いた段階で、乾杯をして軽く自己紹介を済ませる。そのあと仲間の一人が席替えを提案した。

男女が交互に並ぶ配置に変わったところで、田島さんは早速用意していた怪談話を披露する。今回は赤い人形の霊を視たという話だ。

話の最中に女性陣の顔を覗いてみると、全員が真剣に聞き入っており、特に左右に居る二人は顔をひきつらせているのが分かった。

「——それで結局あとから分かったんだけど、俺が霊を視たお寺は、人形供養で有名な所だったんだ」

話のオチを聞いた瞬間、いつの間にか隣り合わせになっていた向かいの女性二人が、抱き合って叫び声をあげた。

店員から注意を受けたが、田島さんはその反応を見て、自分の怪談話もだいぶサマになってきたなと誇らしく思ったという。

満足気にビールジョッキを傾けていると、左側から肩を叩かれた。

「それ、やめたほうがいいよ」

そして、場の雰囲気に水を差すような言葉が紡がれる。さっきまで顔をひきつらせていたくせに、と田島さんは横目で睨み付けるように視線を移そうとした。

だがその瞬間、フッと、突然すべての照明が落ちる。

いきなりの停電に騒然とする店内。特に怪談を語った直後の自分たちのテーブルからは、一層驚きの声があがる。

ランプの類も置いていないので、本当に何も見えない。店員がその場から動かないように注意し、すぐに原因を確認してくると宥めた。

しかし、田島さんにとって気になるのは停電の原因よりさっきの言葉だ。

喧騒の間を縫い、隣の女性との会話を続ける。

「それって、なんのこと？」

「そういう話はしないほうがいい」

「へぇ、どうして？」

曰く、こういうタイプはそれまでもたまに居たという。故に、前例から返答の予想は出来た。幽霊の話は怒りを買うから止めろとか、作り話だと糾弾してくるかのどちらかだろう。

「ちょっと田島くん、さっきから誰と喋ってるの？　もうこれ以上怖がらせるのはやめてよ！」

隣ではなく、正面から聞こえた女性の声。

それを聞き、心臓がじわじわと削られていくような感覚に襲われる。

今のが、さっきまで左隣にいた女性の声だ。思い出した。そういえば彼女はさっき怪談話の最中、いつの間にか正面席に移動していたはず。

田島さんの感じた恐怖に呼応するように、周囲からは奇妙な音が不規則に鳴り始める。消えていたはずの照明がチカチカと数回だけ点灯した。

「私を生んでしまうから」

一瞬だけ照らされたその姿は、カタカタと小刻みに動き、血に染まったような真紅のドレスを着た人形。それは、先ほど自分が話した幽霊の容姿そのものだった。

あまりの恐ろしさに動くことも声を出すことも出来ずにいると、人形は目を見開いて「キャハハハハ！」と異様に甲高《かんだか》い声で笑う。

声に反応して気が狂いそうになっているのは、間違いなく自分だけだった。

しばらくして明かりが戻った頃。

視線の先には、もちろん何も居なかった。

死神の家系図

彼女は私に会うなり、本当に男性かどうかを確かめさせてくれと言った。私は用意していた病院の診察券と免許証をセットで見せる。

すると女性は険しい顔からようやく安堵の表情を覗かせ、着席した。その際に匂った香水や、細かくケアが行き届いた髪や爪、三白眼の大きな目と、目鼻のくっきりした顔立ち。聞けば、リダと名乗った彼女は祖母がアフリカ系でクォーターにあたるという。

そんな美女が私に冒頭のような確認をしたのは、実に違和感だらけだろう。ようするに、逆なら分かる。

妙齢の女性が男性と二人きりで会うのは、何かあったら怖いので避けたいという場合。しかしリダは当日に会う約束をとりつけるまでも、何度も何度も私が男性であるかを執拗に確認してきており、身分証を確認するついさっきまで不安が挙動に現れていたほどだ。

もちろんそれは、彼女の身に起きている怪異と大きな関連性がある。

いや、身に起きているというには語弊があるか。

彼女が身に纏っている怪異、と言った方がいいだろう。

リダが亜矢に出会ったのは、彼女が東京でガールズバーの仕事に従事していた時分まで遡る。その日、新人が入るので教育を頼むとは聞いていたものの、移り変わりの激しい業界では日常茶飯事だったので気にも留めていなかった。

多ければ月に三、四人、少なくとも二ヶ月に一人。それだけ人が来ようと、ほとんどがカクテルの作り方を覚える頃までには辞めていってしまうからだ。

「いらっしゃいませ」

入り口から来客を告げるベルが響き、挨拶をしながら視線を開いたドアへ寄せる。

リダは図らずも、そこからしばらく目を離せなくなった。

腰まで伸びる黒髪は、外から射す日光でそのなめらかさを一層艶やかにし、前髪につけたキャラクターもののヘアピンが容姿の幼さを際立てていた。

こういった店へ来る人間には珍しく、化粧も服装もかなり控えめだ。左手首に巻いている包帯は、お洒落の一環ではないだろう。

少し視線を泳がせながら不安そうな表情をこちらへ向ける彼女は、母性本能を強く刺激する。恋愛対象が女性であるリダの好みは、大人しくてあまり自己主張をせず、どこか薄幸そうな雰囲気を纏う女性。

　現れた少女はそれらの条件すべてを満たしているように見え、とても魅力的に映った。

「あ、あの。今日から働かせていただく近藤亜矢です。よろしくお願いします」

　その声で見惚れていた自分に気付き、慌てて挨拶を返しバックルームへ案内する。

　初日はそのまま店内の設備や接客マニュアルを教えた。

　そして二日目、三日目、一週間と時が過ぎていく。

　亜矢は決して仕事に対する適正が高いとは言えなかったが、姿勢は真面目で直ぐに辞めてしまうこともなかった。

　一ヶ月が経過した頃には亜矢を指名する客が現れ、その祝杯をリダのアパートで挙げることになる。


「手首、大丈夫？　もしかして仕事辛いの我慢してる？」

　カシスソーダの入った缶を傾ける亜矢の左手首。そこに巻かれている包帯の量は、一ヶ月前より明らかに多くなっていた。聞くのはデリカシーに欠けるかとも思ったが、自宅に呼んで二人で酒を酌み交わす仲になった今なら、そこまで不躾《ぶしつけ》でもないだろう。

　実際この仕事は、接客業の中でも情緒を乱す出来事が多い。

「えっと、その、逆です。お店が楽しいからやっちゃうっていうか」

「どういうこと？　それって、辛い時とか苦しい時に気を紛らわせるためにやるものじゃないの？」

「私の場合は違うんです。幸せだったり楽しかったりすると、その時にそのまま死にたいなって思っちゃう。起きている時が楽しければ楽しいほど、一人の夜中が怖いんです。人生なんて本来は辛いことばかりで、大抵の人間は辛い時に辛いまま死ぬんだろうから」

　随分と独りよがりな考えだと思ったが、リダにはそれがまったく分からないでもなかった。

「ほら、私ってマイペースで鈍臭いじゃないですか。いじめられてばかりで、学生時代なんて良い思い出が一つもなくて。って、せっかくお祝いしてくれているのにこんな話違いますよね、すみません」

「ううん、大丈夫。私も中学の時にいじめられていて、自分の考えや人生観が壊されておかしくなっていく感覚は知ってるから」

「え!?　リダさんって綺麗で頭良くて面倒見がいいし、そんなこととは無縁だと思ってました」

「ううん、私ってクォーターでしょ。皆と違う容姿ってのはそれだけで叩かれやすいらしくてさ。墨汁をかけられたり、暴力を振るわれたり。一番キツかったのは当時好きだった女の子に裸の写真を撮られて回されて、その子もいじめに加担するようになったこと。私も手首スパッと切ろうかなって本気で考えるくらいにはひどいことされたよ。亜矢に比べれば期間は短いかもしれないけど」

「そんなことないです！　でも、すごい。どうやってそこから立ち直って、今の優しくて強いリダさんになれたんですか？　私なんてずっと引き摺ってばかりで、ちっとも前向きになんてなれないのに」

「親には相談できなくてさ、たまたま日本へ来てたカメルーン人のお婆ちゃんに相談したの。そうしたら、どうしても我慢できなくなったら唱えなさいって魔法の呪文を教えてくれて。ほら、アフリカ系の民族って言霊《ことだま》とか呪術とか信じてるイメージじゃない？　ただし本当に相手がどうなってもいいと思った時だけにしなさいとか念を押されて、結構本格的だなって思ったっけ。もちろんそれにしか縋るものがなかった私は、気付けば翌日いじめっ子たちの前で唱えてた」

「……もしかして、その呪文が効いたんですか？」

「はは、まさか。それらしい成果を無理矢理作るなら、いじめっ子の内の一人、さっき話した子が転校したくらい。他の子たちは変わらずいじめてきたし、卒業まで環境は変わらなかった。ただやっぱり好きな人にいじめられるのが一番堪《こた》えてたからさ、少し気持ちが楽になったのは確かかな。それに生まれてから数回しか会ったことのないお婆ちゃんが親身に相談に乗ってくれたことが嬉しかったから、もう少し頑張って生きてみようって思えた」

「なるほど、そうなんだ。お婆ちゃんに感謝ですね」

「うん。その後に会ったのは葬式で、今はもう死んじゃってるけど。本当に大好きだった」

「その呪文、教えてください。私も変わるきっかけが欲しい」

「駄目だよ、今それを言葉にして亜矢に不幸があったらどうするの」

「リダさんがお婆ちゃんから聞いた時は何もなかったんですよね？　なら、大丈夫ですって」

「お婆ちゃんは祈祷師みたいなことを仕事にしていたからね。言霊を制御する方法を知っていたのかもしれないでしょ？」

「もう、ケチ。リダさんと居て、お酒飲んで。幸せなこの瞬間に死ねるなら本望です」

亜矢はいつの間にか肩と肩が触れ合う程の距離まで移動しており、頬を火照らせながらこちらを見つめていた。

「あのさ、やめときな。私、女の子が好きだから本気にするよ？」

「うん、いいです。リダさんなら」

素面に戻ったら、亜矢は自分を拒絶するかもしれない。もし職場にバレたら亜矢まで非難されるかもしれない。今までの経験上、そんな憂いが頭をよぎる。

しかし。それを一蹴するかのように、亜矢はずい、と身を乗り出しリダに唇を重ねた。

「……ねぇ。手首の傷痕、見せて」

もう理性は意味を成さない。リダは亜矢の包帯を捲り、その痛々しい苦悩の痕跡に舌を這わせる。

それからはそれが、情事の合図になった。

儚い生き方をする亜矢と身体を重ねる度、リダは彼女に深く惹かれていく。


風が心地良さから肌寒さに変わる頃。リダはおろしたての新しいマフラーを首に携え、勤務先のガールズバーへ向かっていた。

今日は亜矢とシフトが被る日なので、自然と足取りが軽くなる。

あの日以来逢瀬を重ね、最後に会ったのは四日前。昨日、常連客から貰ったワインを亜矢と飲むのが今から楽しみで仕方ない。

「おはようございます」

いつも通り挨拶を交わしながら開店前の店内へ入ると、いつも元気な挨拶を返してくれるボーイが神妙な面持ちで手に持つスマホを見つめていた。

「どうかしたの？」

「あ、リダさん。おはようございます。もうすぐ開店なのに亜矢さんの代わりが手配つかなくて」

「え？　何それ、亜矢今日休みなの？」

「えっと……聞いてないですか？　リダさん亜矢さんと仲良かったから、てっきり連絡入ってるものだと」

「知らない。教えてよ」

「実は亜矢さんとボーイの菊池がホテル街に居るところを、昨晩店長が目撃しちゃって。ウチは職場恋愛御法度だから、当然二人ともその場で解雇。僕は別に隠しきれればしてもいいと思うんですけどね、さすがに近くのラブホ使うような危機管理能力じゃ仕方ないっていうか、最悪バレてもいいって感じだったんじゃないかと」

――嘘だ。

最初に浮かんだ言葉はそれだった。

次に浮かんだ言葉も、その次に浮かんだ言葉も。

嘘だ、嘘だ、嘘だ、嘘だ、嘘だ。

たしかにいつも時間に余裕を持って自分より早く出勤しているはずの、亜矢の姿がない。キャストと違い出勤時間が一時間早い菊池の姿もない。

客観的に見て信憑性は高い。

でも。亜矢がそんなことをするはずない。私と亜矢は愛し合っているのに。

「ただ二人も同時に抜けられるのはキツいですよね。少しはこっちの立場も考えて欲しいっていうか」

というようなことを、言われた気がする。そこから仕事が終わる時間まで、どんな客が来たのかも何を話したのかも覚えていない。

唯一覚えているのは、帰り道で亜矢に電話をかけた時間。

午前一時二十三分。場所は亜矢の住んでいるアパート近く。

何度も躊躇い、潰れそうな心でようやく押せたダイヤルボタン。

繋がらないだろうと思っていた。

しかしコールは三回半で終わり、聞き覚えのある、いや、これからもずっと側で聞いていたかった声が耳に響く。

「はい、どうしました?」

「どうして……分かるでしょ？」

「あはは、分かりますね」

「降りてこれる？　今ちょうどあなたのアパートの近くに居るから」

「げっ、怖ぁい。でもまぁいいですよ、何度も身体を重ねた仲ですしね」

その口調や調子は、最早リダの知っている亜矢ではなかった。

リダの知る亜矢なら、まず罪悪感で電話にすら出ないだろう。いや、それ以前に他人の信頼や好意を踏みにじることなんて出来やしない。

しかし、この電話口の人物ならばそれを容易にやってのけるように感じた。

本当に亜矢なのか？　そんな疑問に答えるように、夜の隙間から靴音を響かせ姿を現したのは、間違いなくリダが愛した近藤亜矢本人だった。

「菊池と付き合ってるの？　それでクビになったって本当？　私のことは好きじゃなかった？」

先に言葉を発せられるのが怖くて、リダは亜矢に会うなり矢継ぎ早に質問を続けた。

「はい、付き合ってますし結婚もする予定です。リダさんのことも好きでしたよ、人としては。ただ女同士なんて将来性もないし、どうせいつかは終わる関係じゃないですか」

違う。リダは亜矢との将来を真剣に考えていたし、少なくとも抱いていたのはこんな風に踏みにじられて、はいそうですかと言える感情では決してない。

それはもちろん亜矢も同じだと、信じていた。

菊池と付き合っているという事実より、亜矢の口からそんな言葉が出たという事実がリダの精神を無作法に、掬《すく》うように抉《えぐ》る。

このまま会話を続ければ、取り返しが付かない傷を負うかもしれない。

それでも、言葉を交わすことでしかこの状況で自分を保つ方法が分からない。

「どうして菊池と付き合ってるのに、最近まで私とも寝たの？」

「終わった相手にセックスの理由聞く必要あります？　私なりの優しさのつもりだったんですけど。まぁでも家まで押しかけてくるんだから知りたいか、じゃあ最初から分かりやすく教えてあげますね。まずリダさんに近付いたのは、お店で立ち回りやすくするためです。オープンから働いている古参に好かれたら、きっと楽だと思ったから。そりゃあ取り入ろうとしますよね、どんな手を使ってでも」

「やめて、亜矢」

「リダさんが同性愛者だったのはあの日まで知らなかったんですけど、本当にラッキーでしたよ。やっぱり男も女も、身体の関係がある相手をぞんざいには扱わないですから」

「やめて！　お願い、それ以上もう何も言わないで」

変わっていく。

ずぶずぶとどす黒い感情が、底無し沼へ落ちていくように。

愛しい、嬉しい、守りたいが。

憎い、恨めしい、死んで欲しいへ。

「ようするに、リダさん。貴方が私にとって便利だったからです」

薄ら笑いを浮かべる亜矢。その表情には、愛した面影など一片も見当たらなかった。

限界だ。保てない。

幼き日に祖母から聞いた呪詛の言葉は心で沸き、腹を昇り、喉を通り。

ついには亜矢を貫いた。


「それで、亜矢さんはどうなったんですか？」

息をつく暇もなくリダの話に魅入られていたので、私は入店してから実に三十分ほどでようやくコーヒーカップに口を付けた。ホットコーヒーは室温よりもすっかり冷めきっていたので、渇いた喉へ一気に流し込む。

「死にましたよ。私が呪詛を唱えたせいで」

発されたのは最悪の事実。

しかし、私はその言葉に違和感を覚えた。たしかに聞き入ってしまうほどの話だったことは認めるが、少し待って欲しい。例の呪文はそもそも、幼い頃に試してもまったく効果を示さなかったのではなかったか？

「いえ、私の言葉が原因で間違いないです。聞いたんですよ、私が店を辞めたあとも連絡をとっていた同僚に。亜矢が死んだのはあれから三週間後だって」

時期的にはたしかにそう考えてしまうのも無理はない。だが、それが事故や病気だった場合は偶然の可能性も充分に残る。

実際に死因が子宮癌であったことを聞き、「亜矢さんの死は貴女のせいとは限らない。深く気に病むことはない」と伝える。

対するリダの返答は、耳を疑うものだった。

「亜矢のお腹には菊池との子供が居たんです。きちんと検診も受けていたらしいのに、良好だったその数日後に子宮癌の末期ですよ。あの呪詛以外に原因が有り得ますか？」

さすがにもう、青ざめるしかなかった。

いじめていた女の子の一人が転校したという話。あれはもしかして、療養の為に転校を余儀なくされたのではないか。

そして、亜矢の話。共通する事項は一つしかない。

いじめていた男の子たちにはなにも起きなかった理由、それはおそらく……。

私が答え合わせを求めるより先に、リダが口を開く。

「多分私の呪いは、お婆ちゃんと違って効果を発揮する範囲が限定されています。強い念を持っている相手、つまり私が恋愛感情を持っている女の子。いじめっ子と亜矢に共通することなんて、それしかないから」


祖母は既に亡くなっていると言ったが、その力がリダに受け継がれていることは間違いない。リダは残りの人生を、ずっと一人で生きていくつもりだという。

あまりにも悲しい呪い。それがリダと周囲の人生を大きく狂わせた。

しかし、恋心というものは制御が出来るものではない。とにかく女性に会わないような生活を続けているらしいが、リダ側にいつ限界がくるとも限らない。

今この瞬間、誰かと恋仲になり、愛を育んでいたとしても。

誰にも止める権利などない。

鈴木 誠（すずき・せい）

YouTube チャンネル「THC オカルトラジオ」の TOMO として活動中。企業の CM 制作やチャンネルコンサル、編集者として様々な YouTube チャンネルに携わる。今作から作家活動の時は名を鈴木誠とする。怪談サイト HorrorHolicSchool にて、共著で『怪奇な図書室』『怪奇な図書室 呪われた禁書』を刊行。幽霊の出る怪談や障りのある話を好む。

YouTube：THC オカルトラジオ

鷹鷺狸夜（たかさぎ・りや）

タカサギ狸夜の名で、小説投稿サイト「ノベルアップ+」主催のコンテストでホラー短編「終わらない二月十四日」が入賞。以降、執筆や取材を通し怪談に魅せられ、その奥深さに目覚める。いい歳から突然小説家を志した妖怪。麻雀好き。現在、タカサギ狸夜名義で上記を含む複数投稿サイトに短編集「逢魔時パーキングエリア」を連載中。

逢魔時パーキングエリア

煙鳥（えんちょう）

怪談収集家、怪談作家、珍スポッター。「怪談と技術の融合」のストリームサークル「オカのじ」の代表取り締まられ役。広報とソーシャルダメージ引き受け（矢面）担当。収集した怪談を語ることを中心とした放送をニコ生、ツイキャス等にて配信中。VR技術を使った新しい怪談会も推進中。『煙鳥怪奇録 机と海』『煙鳥怪奇録 ののさまたたり』『恐怖箱 心霊外科』『恐怖箱 怨霊不動産』『恐怖箱 亡霊交差点』など。

YouTube：煙鳥

たっくー（たっくー）

ラジオ系YouTuber。自身のチャンネル「たっくーTVれいでぃお」は200万人を超えるチャンネル登録者を抱える。心霊、都市伝説をはじめ、ニュースやネットの話題まで、様々なテーマの動画を更新中！

YouTube：たっくーTVれいでぃお

いわお☆カイキスキー（いわお・かいきすきー）

怪談恐不知（おそれしらず）の一人。幼少期に稲川淳二の怪談に魅了され、今日に至るまで怪談蒐集・語りを続けている。家族で借金取りに追われた挙句、幽霊屋敷が実家だったことも。つぶさな情景のひとつひとつが思い浮かぶ、叙情怪談を信条とする。

YouTube：怪談恐不知

★読者アンケートのお願い

本書のご感想をお寄せください。
アンケートをお寄せいただきました方から抽選で
10名様に図書カードを差し上げます。
（締切：2024年1月31日まで）

応募フォームはこちら

障ル話

2024年1月3日　初版第1刷発行

著者……鈴木 誠、鷹鷺狸夜
デザイン・DTP……延澤 武
企画・編集……Studio DARA

発行人……後藤明信
発行所……株式会社 竹書房
〒102-0075　東京都千代田区三番町８－１　三番町東急ビル６F
email：info@takeshobo.co.jp
http：//www.takeshobo.co.jp
印刷所……中央精版印刷株式会社